AU–DELÀ

DU

DOUTE

AU-DELÀ DU DOUTE

LA RAISON AU CŒUR DE LA FOI

OS GUINNESS

éditions cruciforme

Édition originale en anglais sous le titre :
God in the Dark: The Assurance of Faith Beyond A Shadow of Doubt
© 1996 par Os Guinness. Tous droits réservés.
Publié par Crossway, a publishing ministry of Good News Publishers
Wheaton, Illinois 60187, U.S.A.

Pour l'édition française, traduite et publiée avec permission :
Au-delà du doute : la raison au cœur de la foi
© 2018 Publications Chrétiennes, Inc. Tous droits réservés.
Publié en 2018 par Éditions Cruciforme
230, rue Lupien, Trois-Rivières (Québec)
G8T 6W4 – Canada
Site Web : www.editionscruciforme.org

Traduction : Philippe Gervaix
Révision : Louise Denniss

ISBN : 978-2-924595-35-0
Dépôt légal – 1ᵉʳ trimestre 2018
Bibliothèque et Archives nationales du Québec
Bibliothèque et Archives Canada

« Éditions Cruciforme » est une marque déposée de
Publications Chrétiennes, Inc.

Sauf mention contraire, les citations bibliques sont tirées de *La Bible du Semeur* (2015). Les autres versions sont indiquées en toutes lettres, sauf pour les abréviations suivantes : *LSG* (Louis Segond, 1910), *NEG* (Nouvelle Édition de Genève, 1979), *TOB* (Traduction œcuménique de la Bible), *Colombe* (Bible à la Colombe), *Martin* (Bible Martin, 1744), *Darby* (Bible Darby).

Deo optimo maximo, et en souvenir de ma mère, une femme de grande foi, qui a magnifiquement incarné sa devise : « Il faut vivre une vie d'amour. »

TABLE DES MATIÈRES

PREMIÈRE PARTIE

JE SUIS,
DONC JE DOUTE

CHAPITRE 1

JE CROIS AU DOUTE

Les réalités les plus profondes de la vie sont souvent les plus simples. Mon cœur s'enflamme parfois devant l'immensité d'une telle pensée : dès notre premier souffle, nous sommes des êtres en développement, en constante interaction. À peine éveillés, nous pensons, ressentons, choisissons, agissons et communiquons, non comme des êtres isolés, mais comme des personnes en relation avec autrui.

Ce processus repose fondamentalement sur la confiance et la possibilité de s'appuyer sur autrui. Du bébé vis-à-vis de sa mère aux traités entre nations, en passant par les amitiés d'enfance et les relations de voisinage, notre vie entière repose sur la confiance : confiance en la présence d'autrui, confiance au cœur d'un silence partagé, d'un regard, d'un geste échangé, confiance au moment d'embrasser, mais aussi confiance au moment d'appeler à l'aide. Les plus grandes aspirations de l'amour et les plus grands accomplissements de la vie reposent sur la confiance. Mais *en qui puis-je avoir confiance ?* Telle est peut-être la question la plus cruciale que nous soyons amenés à nous poser.

Malgré les stratégies les mieux conçues – notamment le système législatif – pour nous prémunir contre les risques liés à la confiance, malgré la plus grande méfiance pour éviter la trahison, nous avons tous un jour ou l'autre éprouvé ce sentiment de vulnérabilité, de dépendance complète à autrui. Et nous en avons tous fait l'expérience au moment le plus fort de nos vies, lorsque nous avons placé notre foi en Dieu et reconnu sans contrainte que nous dépendions totalement de lui.

Autant de raisons qui expliquent que lorsque la confiance commence à s'effriter, le ciel soudain s'obscurcit, et une plaie s'ouvre, béante, laissant place au vide et à l'angoisse.

Dieu n'est pas seulement une personne, il est l'Être suprême dont dépend non seulement toute vie, toute existence, mais également la notion même de personne. C'est pourquoi le connaître, c'est lui faire confiance, et lui faire confiance, c'est le début de la connaissance de nous-mêmes. C'est pourquoi notre but par excellence consiste à glorifier Dieu et à jouir de sa présence pour l'éternité. C'est aussi pour cette raison qu'au cœur des ténèbres, la confiance en Dieu est si difficile, et le doute si dévastateur : lorsque la confiance et la dépendance font place au doute, c'est comme si le soleil s'éclipsait, que nous perdions nos repères et que le sol se dérobait sous nos pieds, faisant place à l'absurde.

J'ai connu des gens qui dans leur quête de la foi doutent de Dieu : ils veulent croire, mais n'osent pas courir le risque de la foi. Je me souviens, il y a bien des années, alors que nous vivions encore à Londres, de cet homme qui était arrivé de l'autre bout du monde pour frapper à notre porte. À peine lui avais-je ouvert qu'il avouait : «Je suis perdu. Ma vie n'a pas de sens si Dieu n'existe pas. Il n'y a plus personne en qui je puisse avoir confiance. Pouvez-vous m'aider?» Sa quête insatiable de réponses et son sentiment d'échec l'avaient conduit au désespoir et il portait encore les marques de sa récente tentative de suicide. Que répondre? Comment aider un tel homme? Comment lui faire comprendre que Dieu ne l'abandonnerait pas, à la manière des hommes? Après tout, sa confiance en Dieu avait été ébranlée en raison de trahisons humaines.

J'ai rencontré d'autres personnes qui s'éloignent de Dieu et se mettent à douter précisément parce qu'ils croient encore, alors qu'ils aimeraient mieux ne plus croire. Je n'oublierai jamais cette femme, assise dans notre salon, lorsque nous vivions en Suisse, qui tempêtait, argumentait, tapait du pied tout en hurlant : «Pourquoi devrais-je avoir confiance en Dieu ? Il s'est comporté comme un monstre, un tyran impitoyable, un chef maffieux jamais satisfait, un usurier insatiable qui réclame sans fin les intérêts de notre dette. N'ai-je pas tout fait pour lui obéir ? J'ai renoncé à tout pour essayer de lui plaire !» Néanmoins, plus elle s'approchait de Dieu, plus elle avait peur. Plus elle avait peur, plus elle était en colère. Plus elle était en colère, plus elle haïssait. Plus sa haine croissait, plus elle avait peur de Dieu.

Elle se savait prise au piège, aspirée dans un tourbillon sans fin. Elle était jeune ; elle était comblée par l'amour ; elle connaissait la réussite. Cependant, cela ne changeait rien à sa confusion intérieure. Elle ne parvenait plus à avoir confiance en Dieu, et elle n'arrivait plus à se laisser aller à faire confiance sans réserve. En raison de l'amertume du doute qu'elle ressentait, elle errait en plein jour comme si elle était dans les ténèbres.

Les doutes de ces deux personnes n'avaient rien de comparable en apparence, mais au fond, elles doutaient de Dieu pour une seule et même raison : elles ne connaissaient pas Dieu pour qui il est. À cette différence près que le premier avouait son désarroi, alors que la seconde pensait tout savoir. L'image qu'elle se forgeait de Dieu, résultat de ses expériences passées, était si distordue qu'elle en était arrivée à croire en une caricature grotesque. En même temps, pour ne pas devenir folle, elle en était réduite à douter de Dieu.

Heureusement, les choses n'en sont pas restées là : elle a appris à connaître Dieu pour qui il est, et à lui faire confiance, de sorte que sa vie reflète maintenant cette transformation. Ces deux cas ne sont que deux exemples pour illustrer la nature du doute, mais

ils nous conduisent au cœur de notre problème. Dans les chapitres suivants, nous examinerons différentes sortes de doutes,
leurs racines, et la manière dont ils peuvent être dissipés.

Le doute ne relève pas simplement d'un questionnement intellectuel abstrait, qu'il soit philosophique ou théologique. Pas plus
qu'il ne se réduit à un état d'anxiété morbide, d'ordre spirituel ou
psychologique. Le doute est personnel. C'est une expérience existentielle qui touche à ce que l'on est et à ce que l'on croit au plus
profond de soi. Intrinsèquement, le doute est lié à la vérité, à la
confiance et à la loyauté. Peut-on avoir confiance en Dieu ? Quelles
garanties donne la foi ? Comment être sûr d'avoir fait le bon choix ?
Avons-nous assez confiance en Dieu pour nous abandonner à une
complète dépendance et pour jouir pleinement de notre commu-
nion avec lui ? Notre vie s'en trouve-t-elle transformée ?

COMPRENDRE LE DOUTE

La gloire de la foi chrétienne tient en partie au fait qu'en son cœur
réside un Dieu personnel. « Celui qui est », le Père de Jésus-Christ,
notre Père, est infini, mais aussi personnel. C'est pourquoi la foi
chrétienne accorde une prééminence à la véracité et à la fiabilité
absolue de Dieu. Cependant, c'est aussi la raison pour laquelle
la compréhension du doute est si importante pour un chrétien.
Disons-le d'emblée, la foi ne se réduit pas à l'absence de doute :
mais la compréhension du doute nous donne accès à la paix du
cœur et de l'esprit. Inversement, celui qui croit à quoi que ce soit
prend le risque du doute. Ainsi, tous ceux qui savent pourquoi
ils croient font un jour ou l'autre l'expérience du doute. Cette
expérience n'est pas épargnée aux disciples du Christ. Non seulement les disciples sont des croyants, mais ils « pensent en croyant

et croient en pensant» comme l'exprimait Augustin[1]. Le monde de la foi chrétienne n'est pas un univers fabuleux et illusoire qui nous met à l'abri des problèmes et des remises en question, mais un monde où le doute reste toujours tapi dans l'ombre.

C'est pourquoi une saine compréhension du doute va de pair avec une saine compréhension de la foi. Nous sommes nous-mêmes fragilisés si nous ne trouvons aucune réponse au doute. Si nous remettons constamment en cause ce en quoi nous croyons, si nous sommes constamment aux prises avec le doute, nous courons le risque de voir s'effriter notre stabilité et notre intégrité personnelles. Toutefois, si nous sommes prêts à mettre notre foi à l'épreuve, nous ne devrions pas avoir peur du doute. Si le doute l'emporte, c'est que l'objet de notre croyance n'en valait pas la peine. Et si au contraire le doute trouve une réponse, la foi s'en trouve grandie : cette foi-là connaît Dieu de plus près et jouit de lui plus profondément. La foi n'est pas une assurance contre le doute, mais il existe une véritable assurance de la foi au-delà du doute.

Or, bien que Dieu soit totalement digne de confiance, nous, humains, sommes sans cesse en proie au doute. Et c'est précisément pour cette raison que chacun devrait s'attacher à comprendre le doute, par considération pour Dieu autant que pour nous-mêmes. En retour, la compréhension du doute peut avoir deux effets positifs pour les disciples du Christ.

Précisons en premier lieu qu'une saine compréhension du doute peut agir comme un antidote à la vaste remise en cause contemporaine de la foi. Les chrétiens sont en effet confrontés à une situation où l'on milite ouvertement contre la foi. Dans nos sociétés modernes, la vie publique s'est laïcisée au fur et à mesure que la vie privée gagnait en relativisme. Le XXᵉ siècle a vu les

---

1.   Augustin, «Sur la prédestination des saints», 2, 5, dans M. Raulx (dir.), *Œuvres complètes de Saint Augustin*, tome XVI, Bar-le-Duc, L. Guérin & Cie, 1871, p. 323.

fondements chrétiens de la culture occidentale être jetés à bas, l'héritage chrétien tomber en discrédit, et toutes les formes de foi, chrétienne ou autres, se voient largement discréditées dans les milieux intellectuels en vogue. En même temps, le vide laissé par le déclin du christianisme a vu la montée d'un nombre impressionnant de croyances alternatives, nous laissant face à un pluralisme anxiogène et déstabilisant. Et plusieurs d'entre nous sont en désarroi devant une telle contestation, mais souffrent cruellement du manque de réponse intellectuelle à lui opposer.

Il n'est guère étonnant qu'en face de l'incrédulité ambiante, beaucoup de croyants se sentent ébranlés dans leurs convictions et cèdent au doute. Certains ont rejeté la foi en bloc, alors que d'autres sont restés fidèles, mais au prix d'un renoncement à la dimension intellectuelle de la foi. Cette perte de terrain a accrédité l'idée que la foi chrétienne était une croyance intellectuellement fragile et vulnérable, thèse qui à son tour a contribué au rejet de la foi chrétienne par les intellectuels. Toutefois, le plus grave n'est pas que les croyants se soient mis à douter : le plus grave, c'est le tabou qui règne autour du doute dans nos milieux, et l'absence de solutions pour y remédier. Et c'est cela qui doit changer.

En second lieu, nous défendons l'idée qu'une compréhension saine des mécanismes du doute nous prépare pour les mises à l'épreuve qui attendent les croyants dans les années qui viennent. La foi au sens plein du terme est une confiance radicale en Dieu, une conviction enracinée dans une compréhension de la vérité de qui Dieu est, de ce qu'il a dit et fait. Toutefois, la foi qui nous anime n'est pas toujours celle qui devrait être la nôtre. Dans la pratique, bon nombre d'entre nous sont devenus chrétiens et continuent à croire pour des raisons et des motifs parfois peu clairs. On ne saurait négliger les sérieuses conséquences que cet état de fait aura dans les années à venir, au fur et à mesure que les conflits de civilisation s'aggravent, et que les guerres de religion s'intensifient.

Ainsi pour les uns, la foi repose sur une confiance véritable en Dieu autant qu'en leurs amis chrétiens ; pour d'autres, la foi repose autant sur leur engagement envers Dieu qu'envers une Église locale ou une communauté chrétienne. D'autres encore ont placé leur vie sous la seigneurie du Christ, tout en adhérant passionnément à un style de vie chrétienne qui correspond le mieux à leur tempérament ou leurs origines.

Dans un cas ou un autre, il est impossible de situer la ligne de démarcation entre la foi au sens strict et ses à-côtés, entre la foi en Dieu et la foi dans des personnes et des choses. Ce qui ne signifie pas qu'une foi qui n'est pas aussi pure ou profonde qu'elle le devrait n'en est pas pour autant légitime. Si les motivations qui nous animent devaient être à tout moment pures comme du cristal, qui de nous passerait le test de la foi ? Néanmoins, une foi impure ou sans fondement justifié est toujours vulnérable en temps de crise. La foi en Dieu seul perd ainsi sa radicalité en proportion directe des motifs accessoires qui viennent s'y ajouter. De ce point de vue, les épreuves sont révélatrices des fondements sur lesquels nous avons construit nos vies, mais c'est en cela aussi qu'elles peuvent être constructives. Si notre attachement à des amis croyants, à un mode de vie ou à une structure en particulier se révèle être plus fort que notre attachement à Dieu lui-même, nous devrions nous demander si ces attachements sont en voie de se substituer à la foi véritable. Et si c'est le cas, nous devrions y renoncer avant que le processus n'atteigne un point de non-retour, et que la foi ne devienne qu'une coquille vide.

RETOUR À LA CASE DÉPART

Jésus a défié les Juifs de son temps en leur adressant cette question : « Comment pourriez-vous croire, vous qui tenez votre gloire les uns des autres et qui ne cherchez pas la gloire qui vient de Dieu seul[2] ? » En apparence, leur foi était en Dieu seul, mais cette foi n'était qu'une façade. En réalité, leur foi était une foi horizontale : plus précisément, leur foi en Dieu reposait sur un système clos d'échange de reconnaissance et d'honneurs réciproques, qui rendait en fait superflu tout besoin de reconnaissance venant de Dieu.

Nous devrions nous poser les mêmes questions, et particulièrement en tant que chrétiens occidentaux. Quelle sorte de foi nous anime ? Comment savoir de quelle nature est notre foi aussi longtemps que nous baignons dans l'insouciance de nos richesses matérielles, de nos relations sociales et de notre confort spirituel ? Ou pour dire les choses autrement, se pourrait-il que dans la période de trouble grandissant que traverse notre génération, Dieu soit non seulement en train de passer en jugement une culture qui l'a abandonné, mais qu'il soit aussi en train d'ébranler les fondements mêmes de notre foi, pour voir si nous sommes prêts pour les temps de mise à l'épreuve qui s'annoncent ?

Ce sont en réalité les deux faces d'une même pièce. La désaffection et le recul de la foi auxquels nous assistons de nos jours sont la conséquence logique d'un manque de foi. Inversement, c'est peut-être un signe de la sagesse et de la souveraineté de Dieu qui nous prépare pour des jours futurs plus difficiles.

Les bases de l'édifice s'effritent et les piliers fondamentaux de la culture occidentale, notamment la stabilité sociale et la prospérité économique sont en train de vaciller. Et nous voilà forcés d'examiner les véritables fondements de notre foi : non pas celle que nous professons, mais la foi que nous pratiquons et la confiance que nous exerçons au jour le jour. Mieux vaut être testés aujourd'hui avec l'occasion de redresser ce qui doit l'être, plutôt que d'être soumis à l'épreuve demain et d'échouer.

---

2.   Jean 5.44 (*TOB*).

Les enjeux de la présente crise touchent à ce que j'appellerai le *principe de la case départ*. Nous pouvons avancer dans la vie avec l'assurance illusoire d'une foi qui fut jadis vivante, mais qui au fil du temps est devenue si machinale qu'elle en a perdu toute authenticité. Et à ce stade, la moindre pression peut devenir une épreuve qui place le croyant face à un dilemme : renoncer ou revenir à la case départ. Si nous renonçons, nous abandonnons la foi en bloc. Par contre, si nous revenons à la case départ, aux racines, aux fondements de notre foi, nous trouverons une foi sûre et solide. L'idée du retour à la case départ est celle-ci : celui qui accepte de revenir en arrière lorsque c'est nécessaire parviendra finalement au but.

Richard Sibbes, un auteur puritain du XVIIᵉ siècle, le formulait ainsi : « Dans l'Église comme dans le cœur des chrétiens, l'œuvre du Christ s'accomplit souvent à rebours, pour pouvoir mieux progresser. Tout comme les grains prennent racine dans la terre au cœur de l'hiver pour mieux germer au printemps – et plus l'hiver est rigoureux, plus le printemps est florissant – ainsi nous apprenons à tenir debout en tombant, et nous gagnons en force en découvrant nos faiblesses – *virtus custos infirmitas*[3] – nous nous enracinons d'autant mieux que nous tremblons[4]. »

De ce point de vue, l'affaiblissement de la chrétienté est une bénédiction pour la foi chrétienne, et la présente situation de crise est peut-être la meilleure occasion offerte à l'Évangile depuis plusieurs siècles, du moins en Occident. Toutefois, pour qu'une telle opportunité se concrétise, il faut que l'hémorragie qui décime les rangs des chrétiens cesse ; nous devons être en mesure d'amener des réponses aux questions et aux objections de nos contemporains, et d'élaborer une réponse claire et compréhensible à la

---

3.   « La faiblesse est gardienne de la vertu. »
4.   Richard Sibbes, « The Bruised Reed and the Smoking Flax », dans *Works of Richard Sibbes*, vol. 1, Édimbourg, Banner of Truth, 2001, p. 85 (traduction libre).

crise de civilisation que nous traversons. Et une nouvelle compréhension du vieux problème du doute est une étape-clé dans ce processus.

BUT ET APPROCHE

Qu'est-ce que la foi ? Qu'est-ce qu'une foi solide, éclairée, et authentique, dans laquelle ne réside pas l'ombre d'un doute ? Quels sont les malentendus et les méprises à la source du doute, et comment les éviter ? Et par-dessus tout, que signifie faire vivre la foi dans nos cœurs pour laisser Dieu vivre en nous ? Voilà quelques-unes des questions que nous examinerons, précisément dans le but de redonner à Dieu sa place souveraine.

Quelle sera notre approche dans la suite de ce livre ? Dans la première partie (chap. 1 et 2), nous examinerons la nature du doute, en partant des conceptions erronées du doute qui brouillent le débat aujourd'hui.

La deuxième partie (chap. 3 à 9) constituera le cœur de notre discussion. Nous examinerons les sept catégories de doute les plus courantes et nous poserons le cadre à partir duquel analyser nos propres doutes.

Dans la troisième partie (les deux derniers chapitres), nous nous intéresserons aux deux formes de doute qui ont probablement le plus miné les croyants de toutes les époques, des doutes qui naissent de deux questions lancinantes : « Pourquoi, Seigneur ? » et « Combien de temps encore, Seigneur ? »

Parvenir au cœur du doute évoque le fait de manger une châtaigne : il faut d'abord la débarrasser de cette écorce hérissée de piquants qui constituent autant de conceptions erronées qui brouillent notre compréhension du doute – et par-dessus tout, l'idée reçue que le doute serait une chose mauvaise dont nous devrions nous sentir coupables parce qu'il dénote de l'incrédulité.

Lorsque nous aurons débarrassé le fruit de son enveloppe d'idées fausses, nous pourrons nous attaquer au noyau du doute, pour en discerner non seulement les dangers, mais également la valeur. Nous découvrirons qu'il n'y a pas de foi sans une part de doute, et que la foi se renforce dans la compréhension et la résolution du doute : ainsi, en tant que chrétiens, nous pouvons affirmer que si nous doutons malgré notre foi, il est aussi vrai que nous croyons malgré le doute. On pourrait ainsi renverser la devise de René Descartes et dire non pas «Je doute, donc je suis», mais «Je suis, donc je doute».

CHAPITRE 2

OSER LE DOUTE

Un jour, alors que je voyageais dans le sud de l'Europe, j'ai été témoin de cette scène proverbiale où un paysan marche derrière son âne en le frappant pour le faire avancer. L'âne bâté, chargé de ballots de bois sec, grimpait lentement le long du petit sentier qui tenait lieu de rue principale. Peu à peu, l'animal fatigué ralentissait jusqu'à ne plus avancer. Encouragé par une enfilade de jurons, il fit encore quelques pas avant de s'écrouler, haletant, épuisé sous un soleil de plomb. À ce moment, le maître se mit à le frapper, à le frapper encore et encore.

Beaucoup de croyants traitent leur foi de la même manière, en lui intimant des ordres : «Crois ceci, crois cela, cesse de douter, crois plus fermement !» Les avertissements et les admonestations s'empilent sur le dos de la foi jusqu'à ce qu'elle n'en puisse plus. Et c'est alors que les menaces entrent en scène, laissant peu à peu la place aux coups de bâton, jusqu'à ce que, épuisée et surchargée, la foi s'écroule et meure.

Si l'on devait qualifier le comportement du maître, on oscillerait entre cruauté et stupidité. Qui est le plus à plaindre : le sort de la foi représentée par l'âne, ou le sort du maître ? Certes, ce livre traite avant tout du doute et non de la foi ou de la condition des ânes. Mais qu'est-ce que le doute sinon la foi exposée à la négligence et aux mauvais traitements ? Se préoccuper du doute revient précisément à se préoccuper de la cruauté avec laquelle on traite trop souvent la foi. Et le meilleur moyen d'obtenir quelque chose, fût-ce d'un âne, de la foi ou de quoi que ce soit d'autre, consiste à savoir à quoi on a affaire, et à le traiter en conséquence. Se tromper sur la nature de la foi et la pousser au-delà de ses limites, c'est prendre le risque de sa destruction. Exiger d'une chose plus qu'elle ne peut donner conduit à ne pas obtenir ce pour quoi elle était conçue. Les ânes ne se refusent pas au travail, mais ils ne supportent pas d'être pris ni pour des chevaux de course ni pour des bœufs.

S'interroger sur la foi et sur les conceptions erronées qui conduisent au doute nous amène à examiner les fausses idées concernant le doute – à commencer par l'idée que le doute, parce qu'il s'oppose à la foi, serait en soi toujours néfaste, et qu'il serait l'équivalent de l'incrédulité. Paradoxalement, une vue aussi injustifiée du doute conduit inéluctablement à une conception irréaliste de la foi.

Le doute se trouve ainsi être le bouc émissaire du monde de la foi : comme l'âne de notre histoire, il est méprisé par ses ennemis et maltraité par ses amis. Et il en ira ainsi aussi longtemps qu'il ne sera pas considéré de manière juste et réaliste. L'injustice est double : l'âne est frappé jusqu'à l'épuisement, et il est encore frappé *pour s'être écroulé*. De la même manière, certains chrétiens malmènent leur foi, puis la fustigent sans pitié lorsqu'ils sont assaillis par le doute. Dans un cas comme dans l'autre, cette manière de faire résulte de cette fausse croyance que notre foi devrait être dénuée de doute, et que le doute est synonyme d'incrédulité – et donc de péché.

Beaucoup de croyants ont leurs moments de doute, mais ce n'est pas là le fond du problème : par-delà leurs doutes particuliers, ils se sentent coupables et honteux du fait même de douter, et c'est ce qui les tourmente. Ils ne comprennent pas ce qu'est le doute et bien qu'il comporte sa part de risque, la honte qu'ils en éprouvent n'est pas fondée.

LE CŒUR QUI DOUTE EST UN CŒUR DIVISÉ

Qu'est-ce que le doute? Et quels sont ses rapports à la foi et à l'incrédulité? Le mot doute vient du latin *dubitare*, lui-même dérivé d'une langue indo-européenne qui signifie « double ». Et ainsi nous pourrions proposer une première définition des termes : croire, c'est ne faire qu'un avec soi-même, c'est être en accord avec soi-même dans la confiance que l'on accorde à autrui ou dans la croyance que l'on a en la vérité. Et inversement, être incrédule, c'est ne faire qu'un avec soi-même dans le rejet d'une croyance. Douter, c'est osciller entre croire et ne pas croire, c'est en même temps croire et ne pas croire, c'est « être divisé avec soi-même ».

Cette dualité renvoie à la fois au cœur du doute et au dilemme qui lui est constitutif. *Le cœur qui doute est un cœur divisé*. Cette devise n'est pas une métaphore, c'est l'essence de la conception chrétienne du doute, confirmée par l'expérience d'hommes et de femmes de toutes les époques et de toutes les contrées.

En français, on retrouve cette idée de dualité dans des expressions comme « être assis entre deux chaises », « avoir un pied dans chaque camp » ou encore « nager entre deux eaux ». Le pictogramme chinois qui correspond à la notion d'irrésolution rend bien compte de cette réalité : les Chinois représentent en effet un homme écartelé entre deux bateaux, avec un pied de chaque côté. Dans les Andes péruviennes, les Quechuas parlent « d'avoir deux pensées », et les Shipibos, plus à l'est, évoquent l'idée de « penser à deux choses à la fois ». Au Guatemala, la langue kekchi décrit celui qui doute comme « un homme dont le cœur est divisé », alors que les Navajos dans le sud-est des États-Unis évoquent « celui qui est deux avec lui-même[1] ».

Les traductions des termes grecs utilisés dans le Nouveau Testament pour évoquer le doute sont tout aussi fascinantes. L'étymologie n'est peut-être pas le sujet d'étude le plus commun, mais il vaut la peine de s'y intéresser pour l'éclairage qu'elle apporte à la compréhension du doute.

L'un de ces termes grecs (*dipsuchos*) désigne l'état d'un homme qui est chroniquement partagé entre deux opinions. L'apôtre Jacques compare celui qui doute « aux vagues de la mer agitées et soulevées par le vent[2] ». Un second terme (*diakrino*) désigne au sens fort le fait de séparer, de trancher. Ce terme peut revêtir plusieurs significations, mais l'une d'entre elles désigne l'état d'esprit d'une personne si déchirée entre plusieurs options qu'elle est incapable de se décider. Jésus recourt à ce terme lorsqu'il s'adresse à ses disciples : « Ayez foi en Dieu. Vraiment, je vous l'assure, si quelqu'un dit à cette colline : "Soulève-toi de là et jette-toi dans la mer", sans douter dans son cœur, mais en croyant que ce qu'il dit va se réaliser, la chose s'accomplira pour lui[3]. »

Le doute est associé à une troisième idée, désignée par le terme *meteorizomai,* qui signifie « élever », « suspendre », lorsqu'il est pris littéralement (comme dans la racine du mot météore) ou « faire monter l'espoir » au sens figuré. Dans ce second sens, le terme évoque également le fait de monter en flèche et par extension, l'élévation d'esprit ou l'arrogance. Or, le fait de s'élever dans les airs connote aussi l'idée de perturbation, et par conséquent d'instabilité, d'anxiété, de tension et de doute propre à une situation de dilemme.

---

1. Eugène Nida, *God's Word in Man's Language,* Pasadena, Wm Carey Library, 1973, p. 123-124.
2. Jacques 1.6.
3. Marc 11.23.

Dans la vie courante, des expressions telles que «laisser en suspens» ou «être suspendu au-dessus du vide» reflètent exactement l'ambivalence que suscite le doute. Lorsque Jésus dit à ses disciples «Ne vous faites donc pas de soucis au sujet du manger et du boire et ne vous *tourmentez* pas pour cela[4]», il évoque le fait que Dieu prend soin de nous comme un Père prend soin de ses enfants, et que dès lors le manger et le boire ne doivent pas constituer un piège, une occasion de doute et d'angoisse qui nous laisse en suspens, dans l'incapacité d'agir.

Le quatrième terme grec (*dialogizomai*) constitue la racine du mot «dialogue» et dérive du même terme que celui qui désigne le dialogue intérieur, le débat que se livre une personne en proie à la réflexion intérieure. Dans le Nouveau Testament, le terme renvoie habituellement au ressassement des pensées ambivalentes : délibérer, peser le pour et le contre. C'est le terme que Jésus utilise lorsqu'il fait face à ses disciples après la résurrection : «Pourquoi êtes-vous troublés? [...] Pourquoi les doutes envahissent-ils votre cœur[5]?» On a là un aperçu des débats qui devaient faire rage dans le cœur des disciples en proie au doute. À son tour, ce doute alimente la contradiction et fait tournoyer les arguments. Et ce n'est que lorsque les votes sont clos et que le verdict tombe que la foi en ressort victorieuse ou vaincue.

Enfin, un cinquième terme (*distazo*) signifie douter au sens d'hésiter, de fléchir, de chanceler. Il exprime cette réserve que nous avons parfois au moment de nous lancer, au point de vaciller sur nos assises. Matthieu emploie ce terme quand il relate l'épisode de la marche sur les eaux : «Aussitôt, Jésus lui tendit la main et le saisit. "Ta foi est bien petite, lui dit-il, pourquoi as-tu douté"[6]?» Et

---

4. Luc 12.29 — *meteorizomai* : la seule occurrence du mot dans le Nouveau Testament.
5. Luc 24.38.
6. Matthieu 14.31.

c'est le même terme qui désigne ceux qui doutèrent au moment de la résurrection : « Quand ils le virent ils se prosternèrent, mais ils eurent des doutes[7]. » La foi véritable n'a pas de réserves au moment de s'engager, le doute au contraire nous fait hésiter. La foi s'élance alors que le doute recule. Le doute garde ouvertes toutes les issues sans jamais prendre parti.

Ce tour d'horizon du champ lexical du doute nous ramène à une idée fondamentale : lorsque nous sommes déchirés entre diverses options, incapables de décider, lorsque nous sommes en suspens dans le vide, incertains du parti à prendre, lorsque nous nous débattons inexorablement avec nous-mêmes, pris au piège, à retourner dans tous les sens les mille raisons d'hésiter, nous ne pouvons que nous rendre à l'évidence que nous sommes divisés en nous-mêmes. C'est cette dualité qui constitue l'essence du doute.

LE DOUTE N'EST PAS L'INCRÉDULITÉ

La conclusion à laquelle nous a menés ce tour d'horizon sémantique des différents sens du mot doute est décisive pour notre propos : le doute n'est pas l'opposé de la foi, mais il n'est pas non plus synonyme d'incrédulité. Le doute est un état intermédiaire de suspension entre la foi et l'incrédulité. Par conséquent, il ne se réduit pas complètement à l'un ou à l'autre, et pourtant il n'est étranger ni à l'un ni à l'autre. Cette précision est capitale parce qu'elle met le doigt sur l'une des premières fausses conceptions concernant le doute : cette croyance que nous devrions nous sentir coupables de douter, parce que le doute serait une trahison vis-à-vis de la foi et une capitulation devant l'incrédulité. On trouvera difficilement

---

7.   Matthieu 28.17 (*TOB*).

cause plus anxiogène et asservissante parmi les confusions qui règnent autour du doute.

La distinction entre doute et incrédulité est cruciale : la Bible fait clairement la différence entre les deux, même si cette différence n'est pas facile à cerner. Si le doute est cet état de suspension, à mi-chemin entre la foi et l'incrédulité, cette dernière en revanche désigne une fermeture d'esprit vis-à-vis de Dieu, une attitude intérieure de désobéissance et de défiance vis-à-vis de la vérité. Ainsi, l'incrédulité résulte d'un choix arrêté, d'un refus délibéré de croire ou d'une volonté consciente de désobéir, et c'est pour cette raison qu'elle est condamnable. Ce n'est qu'à de rares occasions dans la Bible que le terme « incrédulité » est utilisé pour décrire les doutes de croyants encore convaincus, mais qui en arrivent à un stade de doute injustifiable, proche de l'incrédulité avérée[8]. Ainsi, l'ambiguïté des textes bibliques dans l'usage des termes liés à l'incrédulité reflète davantage une forme de subtilité psychologique qu'un flou théologique.

Ainsi, sur le plan théorique, la distinction entre foi, doute, et incrédulité est évidente : la foi, c'est être cohérent dans sa croyance, l'incrédulité, c'est être cohérent dans son incroyance, et le doute est pris entre les deux. Par contre, dans la pratique, la distinction n'est pas toujours aussi claire, surtout lorsque le doute penche en direction de l'incrédulité, et passe la frontière floue entre l'incertitude ouverte propre au doute et la certitude fermée de l'incrédulité.

Néanmoins, le canevas général de la doctrine biblique du doute est clair. Derrière la multiplicité des termes, l'idée est la même : le doute est une étape intermédiaire, un état de division intérieure, pris entre deux mondes, tiraillé entre le désir d'affirmer et celui de nier. Ainsi, l'idée de doute complet est-elle une

---

8. Par exemple, Luc 24.41.

contradiction dans les termes : le doute total n'est plus le doute, mais l'incrédulité.

Bien sûr, nous pouvons nous *sentir* dans le doute total, au point de confondre notre doute avec de l'incrédulité. Toutefois, cela devrait nous amener à affronter notre doute pour y mettre fin et éviter qu'il ne se transforme en incrédulité. Quand le père de l'enfant démoniaque s'exclame : «Je crois ; viens au secours de mon incrédulité[9] ! », il condamne son propre doute en le qualifiant d'incrédulité. Ces mots ne sont pas devenus la «prière du douteur» pour rien : Jésus, qui ne répondait jamais à l'incrédulité, répond à sa prière en guérissant son fils, preuve qu'il considère son appel comme un signe de doute. La distinction entre doute et incrédulité, même si elle n'est pas simple et évidente, n'en est pas moins utile et valide. La question n'est peut-être pas de savoir *quand* notre doute se transforme en incrédulité. Cela Dieu seul le sait, et les tentatives humaines en ce sens peuvent s'avérer cruellement décevantes. Toutefois, nous devons être au clair quant aux extrêmes auxquels le doute conduit lorsqu'il se mue en incrédulité.

LE DOUTE : TRAGIQUE OU BANAL ?

L'essence de la conception chrétienne du doute est un mélange judicieux entre l'analyse de sa nature profonde et la prise de conscience de ses conséquences. De ces deux ingrédients, le premier est encourageant, l'autre nous incite à garder la tête froide. Curieusement, ce subtil équilibre n'est pas si facile à réaliser, et c'est pourquoi l'on compte autant de défenseurs que d'opposants au doute, et chacun pourra trouver dans la Bible des arguments pour appuyer son point de vue. Les uns insisteront sur ce qui oppose le doute et

9.   Marc 9.24 (*LSG*).

l'incrédulité, les autres sur ce qui les rapproche. Or, chaque camp ignore la position nuancée de l'enseignement biblique.

Le premier siècle de notre ère a été profondément marqué par le doute, qu'on le rattache à la philosophie hellénistique des sceptiques ou qu'on l'impute à un contexte culturel en manque de repères. La position plus nuancée, caractéristique du Nouveau Testament, contraste avec celle de la culture grecque et romaine. Ainsi, pour les auteurs du Nouveau Testament, la foi est synonyme d'obéissance : dans la foi, la compréhension et la volonté vont de pair. De sorte que l'enjeu du doute se situe au niveau de l'action, bien avant de se situer au niveau de la réflexion. Le doute est affaire d'action autant que de savoir et de certitude.

L'Ancien Testament met l'accent sur la désobéissance plus que sur le doute à l'égard de Dieu, alors que le Nouveau Testament insiste sur le doute et encore plus sur l'incrédulité. Maintenant que Dieu s'est révélé pleinement en Christ, les enjeux en ce qui a trait au salut sont plus élevés, et le manque de foi a d'autant moins d'excuses.

Ce double accent – mis à la fois sur la distinction entre doute et incrédulité et sur le fait que le doute peut mener à l'incrédulité – nous permet de poser les bases d'une conception équilibrée du doute, qui nous évite de tomber dans les extrêmes de la condamnation ou du laxisme à l'égard du doute. Ceux qui oublient le premier terme tombent dans l'intransigeance : en ignorant la distinction entre doute et incrédulité, ils opposent la foi au doute dans une conception qui ne reflète ni la doctrine biblique ni la connaissance que nous avons de la nature humaine. Les autres, en insistant sur la pureté d'une foi complètement affranchie du doute, passent à côté de ce que sont la foi et la connaissance : les exigences perfectionnistes d'une foi dépouillée du doute peuvent être plus destructrices pour la foi que le doute lui-même.

Le lien qui unit la foi et le doute est plus proche de celui qui unit le courage et la peur. Ce qui s'oppose au courage n'est pas la peur, mais la couardise. En fait, il n'est même pas besoin de faire de la peur une menace pour le courage. Ce qui représente un véritable danger pour le courage, c'est la témérité. Prenons un alpiniste, un pilote de Formule 1 ou une personne qui surmonte une invalidité dévastatrice : ils ont tous ce courage qui domine la peur et tient les émotions en bride, de sorte que les risques qu'ils prennent sont calculés et responsables.

Il en va de même avec la foi et le doute. Ce qui s'oppose à la foi et la détruit, ce n'est pas le doute, mais la désobéissance qui s'endurcit jusqu'à l'incrédulité. Le doute ne signifie pas forcément la fin de la foi : le doute, c'est en fait la foi *divisée*.

Passons au second volet, qui contrebalance le premier et nous évite de tomber dans la banalisation excessive du doute. Le doute n'est pas toujours fatal, mais il est toujours grave. Certains réagissent tellement à la conception morbide du doute qu'ils en viennent à le prendre à la légère, et même à en faire l'éloge. L'erreur consiste dans ce cas à isoler le doute, à le séparer tant de la foi que de l'incrédulité, et à le considérer comme un concept abstrait, un simple outil de connaissance : à s'en tenir ainsi à la question de son fonctionnement, les réponses sont sans grand enjeu.

Pourtant, dans la vie réelle, la question est loin d'être abstraite, de sorte qu'à la question du *comment* doit s'ajouter celle du *quoi*, de l'objet du doute : et c'est cette dernière dimension qui déterminera le cours de la valeur du doute.

Si l'objet de notre foi est aussi insaisissable que le monstre du Loch Ness ou aussi négligeable que le choix d'un dessert, l'enjeu n'est pas réel. Toutefois, comme l'objet de la foi chrétienne porte sur Dieu, l'enjeu est capital et le doute prend une valeur incommensurable pour le chrétien, de sorte que croire ou ne pas croire devient une question de vie ou de mort. L'importance qu'un chrétien accorde à ses doutes est directement proportionnelle à celle qu'il accorde à la foi. Pour le chrétien, le doute n'équivaut pas à l'incrédulité, mais il n'en est pas pour autant dissocié. Le doute perpétuel coupe le croyant des ressources et des privilèges de la foi, et laisse entrevoir les ravages de l'incrédulité. Le doute n'est ainsi jamais banal.

LE DOUTE À L'IMAGE DE CELUI QUI DOUTE

Ce dont nous traiterons dans la seconde partie de ce livre ne se résumera pas à un catalogue lugubre d'exemples de doutes dont le passage en revue serait fastidieux. Ces « sept doutes capitaux » ne forment pas non plus une liste exhaustive : ils constituent une vue d'ensemble des principaux types de doute auxquels les croyants ont à faire face, et à partir desquels il sera possible de comprendre et gérer nos propres doutes. Par conséquent, il est sage de prendre conscience des doutes auxquels nous sommes le plus exposés, et d'en mesurer les risques dans chaque cas.

Toutefois, avant de passer à l'analyse de ces sept doutes capitaux, il sera bon de garder en tête trois choses. Il y a une dimension personnelle inhérente au doute qu'aucune catégorisation ne devrait occulter. En d'autres termes, le doute est à l'image de celui qui doute, à la hauteur de l'effet qu'il a sur celui qui doute.

Les doutes sont en quelque sorte des problèmes. Et curieusement, un problème ne constitue un problème que si on le considère comme tel. Les doutes nous touchent tous, mais ils nous touchent chacun différemment. Ce qui peut paraître futile à l'un peut se révéler d'une importance capitale pour un autre. Certains ne ressentent le doute que lorsqu'ils ne trouvent pas de réponse à leurs questions, d'autres voient le spectre du doute se lever par le simple fait de se poser des questions. Ce qui peut hanter les pensées d'un philosophe peut n'être absolument pas pertinent, ou au contraire totalement évident pour un homme d'affaires ou un enseignant – et inversement. La question n'est pas de juger l'un ou l'autre, mais de faire face au doute et de traiter chaque doute tel qu'il se présente, et lorsqu'il se présente.

LE DOUTE ENTRE SANTÉ ET MALADIE

En second lieu, on peut établir des parallèles intéressants entre le doute et la maladie. Lorsque les gens parlent du doute, tôt ou tard, des images liées à la maladie surgissent. Poussée trop loin, l'analogie médicale peut suggérer une idée de fatalité ou d'inéluctabilité qui peut nous empêcher de résoudre le problème du doute, mais à bon escient, une telle analogie peut nous aider à illustrer les rapports entre doute et foi. L'image n'est bien sûr pertinente que s'il existe le même genre de relation étrange entre la foi et le doute qu'entre la santé et la maladie.

Disons d'abord que la santé s'oppose à la mort comme la foi s'oppose à l'incrédulité. En ce sens, foi et santé évoquent toutes deux le bon fonctionnement et l'équilibre, et elles partagent la caractéristique commune de ne pas être aussi évidentes qu'il y paraît. Plus précisément, leurs caractéristiques se révèlent à la lumière de leur absence, et leur absence les révèle plus que leur présence : c'est lorsque tout va bien qu'on y pense le moins. En nous disant ce que la foi et la santé ne sont pas, le doute et la maladie nous disent aussi ce qu'elles devraient être.

De nouveau, les doutes sont comme des maladies en ce que leur prévalence et leurs manifestations varient selon les pays, les saisons ou le climat. Chacun est exposé au doute, mais chaque croyant sera plus vulnérable à une forme ou l'autre. Cela ne devrait pas nous décourager : nous tombons tous malades, mais nous n'avons pas à craindre de contracter toutes les maladies. La vie serait insupportable s'il en était ainsi. En revanche, il serait inconscient de ne pas prendre de précautions au moment de partir pour un pays à risque.

De la même manière, l'assurance de la foi dépend de notre conception de Dieu et de sa fidélité, et non de notre contrôle sur tous les doutes qui pourraient nous assaillir. Sinon, notre foi ne pourrait jamais être assurée avant d'avoir éliminé tous les doutes qui subsistent. Tout croyant averti devrait néanmoins être conscient des principales sortes de doute qui peuvent prévaloir à une époque donnée. Elles peuvent différer selon les générations et selon les tempéraments, mais il est sage de connaître les types de doutes auxquels nous pouvons être exposés.

Par ailleurs, la foi, comme la santé, ne se conserve pas en luttant contre la maladie, mais elle est au contraire préservée par la croissance, la nourriture et l'exercice. La maladie est marquée par le manque de santé, mais la santé est plus que l'absence de maladie : « mieux vaut prévenir que guérir », comme dit l'adage. Mener une vie saine équivaut à plus que de se prémunir contre toutes les maladies possibles. De même, la foi croît et s'épanouit lorsqu'elle est nourrie et exercée, de sorte que la meilleure manière de résister au doute consiste à renforcer sa foi plutôt qu'à lutter contre lui.

Enfin, rappelons qu'il y a autant de risques à être constamment préoccupé par le doute que par la maladie. Le souci de la maladie devrait être réservé aux professionnels de la santé, autrement il nous conduirait vers une préoccupation morbide. De même, il y a un risque à cultiver l'équivalent hypocondriaque du doute : même un livre consacré au doute ne devrait pas être utilisé comme un dictionnaire médical, au risque de développer les symptômes de tous les doutes passés en revue !

CONNAISSANCE DE DIEU ET DISCOURS SUR DIEU

En troisième lieu, dans cette entreprise de résolution du doute, nous devons garder en tête cette différence entre la connaissance de Dieu et les discours sur Dieu. D'un côté, nous pouvons affirmer sans réserve que *Dieu est la réponse à tous les doutes*. Comme Martin Luther l'a déclaré dans ce qui est sans doute le plus grand euphémisme théologique de tous les temps : « Le Saint-Esprit n'est pas *[un]* sceptique[10]. » Par l'intermédiaire de sa Parole et de son Esprit, Dieu est l'auteur et le dispensateur de la foi, et donc le premier recours en cas de doute. La foi est un don gratuit de Dieu, tout comme l'est la résolution du doute.

Cela signifie que l'assurance de la foi nous vient plus de la proximité avec Dieu que d'une analyse du doute (c'est peut-être la raison pour laquelle si peu de livres sont écrits sur le doute lui-même). Comprendre le doute n'est qu'une étape vers l'assurance de la foi. Plus précisément, l'assurance de la foi vient de la connaissance de Dieu, révélée objectivement dans sa Parole et subjectivement par l'Esprit Saint. Car qui nous a fait connaître notre adoption dans la famille de Dieu ? Qui est le sceau de la foi en Dieu dans nos cœurs ? Qui est, en quelque sorte, l'acompte de notre futur héritage ? Qui représente les prémisses des bénédictions à venir ? Dans chaque cas, une même réponse : le Saint-Esprit[11]. Sans hésiter, nous pouvons affirmer que Dieu est la réponse au doute, et que le fait de ne pas connaître Dieu ou de ne pas faire l'expérience de ce qu'il a accompli pour nous est la principale source du doute.

D'un autre côté, nous pouvons nous montrer trop fervents et confondre la connaissance de Dieu et les discours sur Dieu. C'est

---

10. Cité par Gerhard Ebeling, *Luther : une introduction théologique*, Labor et Fides, 1983, p. 114.
11. Voir Romains 8.15,16,23 ; 2 Corinthiens 1.22 ; 3.3 ; Éphésiens 1.14 ; 1 Thessaloniciens 1.5.

Dieu qui est la réponse au doute : les réponses théologiques, même correctes, ne constituent pas forcément la réponse. Plusieurs commettent l'erreur tragique d'exagérer les dimensions théologiques du doute et occultent ses dimensions spirituelles, morales, psychologiques et philosophiques qui sont également fondamentales.

C'est un fait indéniable que dans l'histoire du christianisme, de nombreux croyants ont défendu bec et ongles la théologie de l'assurance de la foi, mais sans avoir pu goûter à cette assurance pour eux-mêmes. Ainsi, Samuel Johnson souffrait de véritables troubles anxieux, mais également d'une telle d'anxiété à propos de son état spirituel que James Boswell pouvait dire de lui qu'il voyait «Dieu dans les nuages[12]». Un autre exemple poignant est celui d'un ami proche de John Newton, William Cowper, un poète du XVIIIe siècle profondément marqué par la théologie calviniste, mais qui souffrait de dépression chronique et d'idées suicidaires. Devrions-nous en conclure que notre assurance dépend des fluctuations de nos sentiments? Bien sûr que non. Ou alors devons-nous maintenir que l'assurance de la foi est une donnée indépendante de notre ressenti? Pour la plupart, l'idée même est au pire absurde, au mieux paradoxale. La vérité, c'est qu'une bonne partie du problème disparaît si nous évitons cette confusion de niveaux. Certains doutes relèvent directement de la théologie, d'autres indirectement seulement, ou pas du tout.

Le présent ouvrage traite du doute, il n'est pas un traité théologique sur l'assurance de la foi : et ce n'est pas la même chose. En fait, on peut distinguer deux catégories de personnes qui, aux prises avec le doute, se révèlent allergiques à tout discours théologique. D'un côté, il y a ceux qui sont *insensibles* aux vérités divines : leur doute les endurcit jusqu'à l'incrédulité de telle sorte qu'aborder la question de Dieu s'assimile pour eux à laisser couler

---

12. James Boswell, *The Life of Johnson*, Harmondsworth, Penguin, 1979, p. 227.

de l'eau sur les plumes d'un canard. Certes, ils auraient besoin de conviction, mais d'un autre type. De l'autre côté, il y a les *hypersensibles* : protégés derrière leurs convictions théologiques, ils se sont munis de bâtons pour fustiger leur foi chancelante en l'accusant de ne pas être à la hauteur.

Les réponses théologiques, même imparables, ne conviennent pas à ces personnes, mais pour des raisons opposées. Le discours théologique n'est qu'une formule sur le papier : comme une ordonnance médicale qui doit être prise pour être efficace, une recette de cuisine qui doit être suivie pour pouvoir être appréciée ou un chèque qui doit être encaissé pour avoir une quelconque valeur. Pour les insensibles, le discours théologique est aussi inutile qu'une ordonnance pour un malade qui pense qu'il se porte bien, qu'une recette pour l'homme déjà rassasié ou qu'un chèque de plus pour le milliardaire. Pour les hypersensibles, ce qui compte, c'est le traitement lui-même, le repas, ou l'argent.

C'est pourquoi distribuer des ordonnances théologiques ne guérit pas du doute. Ainsi, notre examen du doute nous ramènera toujours à la fois au manque de foi à l'origine du problème et à notre besoin de la grâce toute suffisante de Dieu pour y remédier : les deux doivent rester étroitement liés. La grâce de Dieu peut être tout aussi galvaudée lorsqu'elle est mal appliquée à l'égard des hypersensibles que lorsqu'elle est oubliée par les insensibles.

Précisons encore que tous les doutes que nous aborderons résultent de mon expérience propre ou de celle de proches qui se sont ouverts à moi concernant leurs doutes. Depuis quelques décennies, j'ai rencontré des centaines de personnes aux prises avec les angoisses du doute. Il ne s'agira pas de les aborder d'un point de vue académique ni dans une idée de critique. Notre but dans cet ouvrage sera de mieux comprendre le doute pour mieux comprendre et encourager la foi. Et cela dans le même esprit qui animait les héros de John Bunyan, lorsqu'ils ont érigé un signal d'avertissement pour éviter aux voyageurs de tomber aux mains du Géant Désespoir :

> Après mûre réflexion, ils se déterminèrent à ériger dans cet endroit une colonne avec cette inscription : « Au-delà *de cette barrière est le chemin qui conduit au Château du Doute, propriété du Géant Désespoir, qui méprise le Roi de la Patrie Céleste et cherche à détruire ses pèlerins.* » Par ce moyen, ils épargnèrent la vie à beaucoup de voyageurs qui venant après eux, lurent l'inscription et échappèrent au danger[13].

---

13. John Bunyan, *Le voyage du pèlerin*, Montélimar, Éditions CLC, 1976, p. 162.

DEUXIÈME PARTIE

SEPT FAMILLES
DE DOUTE

CHAPITRE 3

L'OUBLI ET LE SOUVENIR

LE DOUTE PROVENANT DE L'INGRATITUDE

« Travail mal commencé se termine mal. » Que cela s'applique à la façon de faire son lit, à la construction d'un gratte-ciel ou à un atterrissage sur la Lune, la leçon est la même : manquer la première étape risque d'entraîner des conséquences fâcheuses sur les étapes suivantes, voire de mettre en péril la réussite du projet tout entier. Il en va de même pour la foi chrétienne.

Beaucoup d'individus doutent parce que quelque part sur le chemin de la foi, ils ont négligé une étape importante. Par exemple, croire en Dieu pour de mauvaises raisons – ou sans aucune raison – augmente fortement les risques de tomber dans le doute. Les sept familles de doute en sont une bonne illustration : les quatre premières ont pour origine des failles dans ce qui nous a amenés à croire, et les trois autres dans ce qui nous pousse à continuer à croire.

« Le cœur a ses raisons que la raison ne connaît pas[1] », disait Blaise Pascal, sous-entendant par là qu'il y a toujours plus à connaître que ce que la raison humaine peut appréhender. Ce qui, en passant, constitue un appel à nous méfier des définitions

---

1. Blaise Pascal, *Pensées*, 477 (Brunschvicg 277 ; Lafuma 423), dans *Œuvres complètes*, Paris, Gallimard, Bibliothèque de la Pléiade, 1954, p. 1221.

simplistes de la foi et de la raison. Ainsi, on peut discerner au moins quatre niveaux de compréhension dans la doctrine biblique de la foi, qui font écho à nos quatre premières catégories de doute.

Cela ne signifie pas que tous ceux qui sont arrivés à la foi en Christ soient consciemment passés par ces quatre étapes, mais ces quatre niveaux constituent en quelque sorte les fondations sur lesquelles une foi saine se construit. Précisons qu'il ne s'agit pas de quatre «étapes de la foi», mais plutôt de quatre «niveaux de compréhension». L'accent ne porte pas, ici, tant sur l'idée de progression que sur celle de continuité. Il y a ainsi, derrière cette idée de niveau, l'idée que chaque étage reprend et subsume l'étage précédent pour l'intégrer.

De même, il y a différents niveaux de compréhension dans l'appréhension de la vérité de la foi chrétienne qui peuvent n'avoir aucun rapport avec les «étapes» de notre cheminement. Quoi qu'il en soit, une foi saine devrait les inclure tous, et chacun à sa place propre. Inverser l'ordre de ces niveaux, ou en omettre un, nous expose au risque non pas d'invalider notre foi, mais de la voir se construire sur des bases plus fragiles.

D'OÙ NOUS VENONS ET CE QUE NOUS AURIONS PU DEVENIR

Le premier niveau de compréhension nécessaire à l'édification de la foi est une prise de conscience aiguë du dilemme inhérent à la vie sans Dieu. C'est précisément cette conscience d'un dilemme qui crée et qui déclenche une recherche existentielle. Et pour celui qui s'engage dans cette recherche pour arriver à la foi, le seul point de départ possible c'est ce sentiment de besoin, qui peut aller d'un simple sentiment de malaise à la conviction intime, qui pousse quelqu'un à chercher une solution ailleurs qu'en puisant dans ses propres ressources.

Pensez à votre propre conversion et à la manière dont votre quête de Dieu a commencé. Est-ce qu'auparavant l'Évangile vous paraissait être une « bonne nouvelle » ? Probablement pas, parce que vous n'aviez pas conscience de la situation lamentable dans laquelle vous vous trouviez alors. Du moins, c'était mon cas. Ce n'est que lorsque j'ai commencé à prendre conscience de la situation dans laquelle je me trouvais que j'ai commencé à voir l'Évangile pour ce qu'il est : une très bonne nouvelle pour des gens en très mauvaise posture. Je ne sais pas ce qu'il en est pour vous, mais pour moi, l'expérience s'est avérée bouleversante, avec son compte de larmes. Cela ne signifie pas que nous, chrétiens, croyions en Dieu à cause de nos besoins, mais nous avons renoncé à une vision du monde qui ne pouvait plus répondre à nos besoins. C'est entre autres ce qui confère à la foi son caractère si radical d'une confiance exclusive en Dieu. Tout autre point d'appui est écarté d'entrée de jeu.

La foi chrétienne commence là où les autres types de foi s'éteignent. « Bénis soient ceux qui reconnaissent leurs besoins[2] », pour paraphraser la célèbre ouverture du sermon sur la montagne. Les auditeurs de Jésus ont dû en avoir le souffle coupé. La porte du royaume des cieux est si basse qu'il faut en franchir le seuil à genoux. Le fils prodigue constitue un modèle pour nous tous : il était si affamé qu'il était prêt à ravaler son orgueil. C'est cependant à ce moment précis qu'il a fait le premier pas en direction de la maison de son père. Comme le relevait simplement Søren Kierkegaard : « Dieu crée tout de rien ; et tout ce que Dieu doit employer, il en fait d'abord rien[3]. »

Par conséquent, tout commence là, et chaque pas supplémentaire dans la quête est une étape en direction du salut (nous

---

2. Matthieu 5.3, littéralement : « Heureux les pauvres de cœur : le royaume des cieux est à eux » (*TOB*).
3. Søren Kierkegaard, *Extraits du Journal (1849-1854)*, Paris, Gallimard, 1961, p. 854.

laissons pour le moment de côté le détail des autres niveaux de compréhension impliqués dans la démarche) : de sorte qu'arrivé à ce point décisif, le croyant peut mesurer l'étendue de ce pour quoi il peut être reconnaissant. Qui que nous devenions ensuite, où que nous allions, quoi que nous fassions, nous ne devrions jamais oublier notre condition passée, d'où nous venons, ce que nous aurions pu devenir – et ce que nous pourrions très bien redevenir. Si nous saisissons la portée de cette idée, l'expression paulinienne « Ce que je suis à présent, c'est à la grâce de Dieu que je le dois[4] » ne résonnera plus jamais comme une simple formule rhétorique. « Et cette grâce qu'il m'a témoignée n'a pas été inefficace » : voilà une autre affirmation des plus réaliste.

Cette conscience de notre besoin est la première étape sur ce chemin vers la foi, et une faille à ce niveau donnera naissance plus tard à un type de doute particulier. Souvent, nous commençons notre vie de croyants habités par le souvenir de notre vie passée, mais peu à peu, au fil du temps, le passé s'estompe, et les occasions de douter se font jour. Au fur et à mesure que nous oublions d'où nous sommes partis, un changement subtil s'opère, qui cède la place à une attitude indépendante, qui elle-même se transmue en suffisance, puis en orgueil.

Les effets de la grâce de Dieu s'estompent peu à peu alors que nous nous comptons de plus en plus sur nos propres capacités, jusqu'à ce que, sans forcément afficher une attitude d'indépendance – et même si nous continuons à collaborer avec Dieu – l'idée que nous pourrions nous passer de Dieu s'insinue. Ainsi, malgré les apparences, nous en arrivons au stade où nous développons une attitude intérieure de complète autarcie.

---

4.   1 Corinthiens 15.10.

L'INGRATITUDE S'AFFICHE AU GRAND JOUR

À ce stade, nul besoin d'une crise majeure ou d'une tragédie pour déclencher le doute. Il suffit d'une chiquenaude, une contrariété, un témoignage à rendre, une obligation ou un embarras lié au fait d'être chrétien, pour que le doute surgisse.

« Peut-être après tout... », « Et si j'avais pris tout cela trop au sérieux », « Dieu ne s'attend tout de même pas à... », « Je l'ai échappé belle, mais la crise est passée... » De tels doutes peuvent varier en intensité, mais ils marquent tous une attitude de complaisance envers soi-même et de récrimination à l'égard de Dieu et sa façon de gérer nos affaires.

La clé de voûte de tous ces doutes repose sur l'idée de seuil, comme s'il y avait un stade à partir duquel Dieu n'était plus indispensable. Le motif sous-jacent est néanmoins celui de l'ingratitude : une attitude morale, psychologique et spirituelle d'indifférence vis-à-vis de ce que nous étions ou de ce que nous serions sans Dieu. Nous avons oublié ce que nous pourrions appeler les antécédents et les enjeux de la foi.

C'est la tactique choisie par le Malin au moment de la tentation d'Ève, dont la subtilité et les dangers devraient nous alerter : « Vraiment, Dieu vous a dit[5]... ? » L'innocence du ton de la question allait déboucher sur une remise en question plus profonde portant sur la bonté de Dieu. Pourquoi Dieu a-t-il dit cela ? Se pourrait-il que la connaissance soit un instrument de pouvoir dont il voudrait vous écarter ? Dieu est-il aussi bon que vous le croyez ? Êtes-vous aussi libres que vous le souhaitez ? Êtes-vous sûrs... ?

La question a touché sa cible, et a conduit Ève à remettre en cause sa vision du monde, annonçant les premières ombres du crépuscule de la foi. L'image s'assombrit imperceptiblement, et le doute s'insinue au moment précis où la reconnaissance

---

5. Genèse 3.1.

devient superflue. La leçon est vieille comme le monde, mais elle n'a pas changé. Dans ses *Carnets du sous-sol*, Dostoïevski dit de l'homme : « S'il n'est pas stupide, il est monstrueusement ingrat ! Phénoménalement ingrat... Je pense même que la meilleure définition de l'homme est la suivante : créature bipède et ingrate[6]. »

Relevons que ce doute n'est pas purement spirituel, intellectuel ou émotionnel, mais un peu des trois, ce qui lui donne une force d'impact profonde sur le cœur humain. La transformation qui s'opère combine des éléments spirituels, intellectuels et émotionnels, qui en grandissant se transmuent en une mentalité marquée du sceau de l'autonomie. Et un jour ou l'autre, cet esprit d'autonomie, pour échapper à la confrontation avec Dieu, prend la forme du doute. C'est Dieu ou mon autonomie, l'un des deux doit s'incliner devant l'autre.

L'apôtre Paul n'est pas tendre avec l'autonomie de l'incrédulité : « Ils n'ont donc aucune excuse, car alors qu'ils connaissent Dieu, ils ne lui rendent pas l'honneur que l'on doit à Dieu et ne lui expriment pas leur reconnaissance[7]. » Ces paroles nous rappellent que la rébellion contre Dieu ne commence pas par le poing levé de l'athéisme, mais trouve sa source dans une attitude d'autosatisfaction pour laquelle même un « merci » est superflu. La faillite de notre ancienne condition d'homme sans Dieu se trouve occultée, l'acuité du dilemme dans lequel nous nous trouvions s'émousse, nos convictions perdent de leur tranchant, et notre reconnaissance de la grâce de Dieu se banalise. Ce processus peut avoir atteint un stade avancé avant de devenir visible. En fait, ce n'est même qu'au moment où nous affichons nos premiers doutes que nous prenons conscience que quelque chose a changé.

De tels doutes peuvent s'exprimer d'une multitude de manières, mais ils ont une caractéristique commune : leur placidité. Ni

---

6.   Féodor Dostoïevksi, *Carnets du sous-sol*, Paris, Gallimard, 1969, p. 155.
7.   Romains 1.21.

douleur de la perte, ni torture de l'incertitude, ni aspiration à une solution. Le but n'est pas de retrouver la foi, mais de sauver la face tout en se détournant de la foi. Paradoxalement, ceux qui craignent d'être atteints par ce type de doute ne le sont pas : ce type de doute est indifférent et insensible, non pas hypersensible.

Qui n'a jamais vu un mari au bord du divorce, en train de trouver à sa femme tous les défauts, de lui chercher querelle ou de la diffamer auprès de tous ses amis ? En fait, il prépare le terrain de sa fuite en attendant le moment décisif. La haine, comme l'amour cherche la moindre preuve pour se justifier. À examiner les doutes de l'ingratitude au stade terminal, on se rend compte qu'ils n'apparaissent jamais pour ce qu'ils sont réellement : le brouillon d'une lettre de rupture empreinte de mauvaise foi, offerte en guise de justification. Puis, au point de non-retour, plus besoin de pseudonyme, l'ingratitude se manifeste au grand jour, sans masque ni artifice. Non seulement les remerciements ne sont-ils plus de rigueur, mais Dieu est définitivement congédié.

UN ORDINATEUR FERAIT MIEUX

Avoir la mémoire courte est bien plus grave que de souffrir d'un simple trou de mémoire. Et de ce point de vue, l'esprit humain est plus complexe qu'un ordinateur : alors que les ordinateurs ont des capacités de mémoire de plus en plus étendues et une fiabilité quasi parfaite – ce qui y est stocké est restitué à la perfection, la mémoire humaine est sélective. L'esprit humain trie et choisit les informations qu'il met en mémoire, de sorte que notre mémoire dépend étroitement de facteurs d'ordre psychologique, spirituel et émotionnel qui nous affectent.

L'une des raisons pour lesquelles l'oubli est si dévastateur est qu'il atteint les couches profondes de notre conscience de pécheurs, là où se nouent les liens les plus profonds de notre relation à Dieu et aux autres. Et une fois ces zones désensibilisées, il n'en faut pas beaucoup plus pour que notre foi elle-même se trouve engourdie. Dès lors, se nourrissant du doute, une vague de fond d'indépendance se prépare, gonfle, et explose à la surface.

Le thème du souvenir et son corollaire, la reconnaissance, sont intrinsèquement liés au sein de la doctrine chrétienne de la foi. L'homme et la femme de foi sont ceux qui se souviennent, et ceux qui se souviennent rendent grâces. L'incrédulité au contraire a la mémoire courte et ingrate. Et cela vaut autant pour les personnes que pour les nations, comme le montre abondamment l'histoire du peuple d'Israël.

À maintes reprises, alors que le peuple était sur le point de traverser le Jourdain pour entrer en Terre promise, Moïse, lui qui avait été le témoin privilégié de leur entêtement, de leur inconstance et de leur ambivalence depuis leur sortie d'Égypte, leur enjoint solennellement de ne jamais oublier. Alors qu'en captivité en Égypte, le peuple réclamait la liberté, maintenant qu'ils étaient libres, ils souhaitaient y retourner. Lorsqu'ils manquaient d'eau, ils se plaignaient, et lorsque l'eau était là, ils se plaignaient du manque de nourriture : ce n'étaient que plaintes, complaintes et récriminations.

Au cœur de leur endurcissement résidaient l'ingratitude et l'oubli. Alors, pour éviter les conséquences désastreuses de ce qu'il prévoyait, Moïse les exhortait à se souvenir. Se souvenir de leur captivité : « Tu te souviendras qu'au pays d'Égypte tu étais esclave, et que le Seigneur ton Dieu t'a fait sortir de là d'une main forte et le bras étendu[8] » ; mais aussi de la manière dont ils en étaient sortis : « Tu te souviendras de toute la route que le Seigneur ton Dieu t'a fait parcourir depuis quarante ans dans le désert[9]. » Même en cas de succès et de prospérité, lorsqu'ils mangeraient et seraient rassasiés, ils ne devaient jamais oublier le Dieu qui les avait fait

8.   Deutéronome 5.15 (*TOB*).
9.   Deutéronome 8.2 (*TOB*).

sortir d'Égypte[10]. Leurs fêtes et leurs rituels devaient être une commémoration de l'intervention de Dieu en leur faveur[11], et même leurs habits devaient inclure une marque de ce souvenir : «Parle aux fils d'Israël, dis-leur de se faire une frange sur les bords de leurs vêtements – ceci pour les générations à venir – et de mettre un fil pourpre dans la frange qui borde le vêtement [...] en le voyant vous vous souviendrez de tous les commandements du Seigneur[12].»

Manifestement, la leçon n'a pas porté ses fruits, et le schéma d'indépendance et d'ingratitude s'est invariablement répété. La sombre période entourant l'Exil a ainsi été marquée par la répétition des erreurs du passé : «Nos pères, en Égypte, n'ont rien compris à tes miracles. Ils ont oublié tes nombreuses bontés [...] Bien vite ils ont oublié ses actes[13].» Ou comme Néhémie l'exprimait de manière si imagée : «... ils ont mangé, se sont rassasiés, ont engraissé et ont vécu dans les délices, grâce à ta grande bonté. Mais ils se sont rebellés et ils se sont révoltés contre toi[14]». Cette ingratitude marquée par l'oubli constitue la clé de l'échec du peuple choisi : «Aussitôt arrivés au pâturage, ils se rassasièrent, une fois rassasiés, leur cœur s'est enflé, c'est pour cela qu'ils m'ont oublié[15].»

Ce qui a marqué l'histoire d'Israël sous l'ancienne alliance n'épargne pas l'Église de la nouvelle alliance. Ainsi, Paul s'adressant aux Corinthiens, leur adressait cette question d'une implacable logique, et qui devait tuer dans l'œuf toute ingratitude : «Qu'as-tu que tu n'aies reçu? Et si tu l'as reçu, pourquoi en tirer fierté comme si tu ne l'avais pas reçu[16]?» La gratitude, par

---

10. Deutéronome 6.11,12 ; voir aussi 4.9.
11. Exode 13.3-9.
12. Nombres 15.38,39 (*TOB*).
13. Psaumes 106.7,13 (*TOB*).
14. Néhémie 9.25,26 (*TOB*).
15. Osée 13.6 (*TOB*).
16. 1 Corinthiens 4.7 (*TOB*).

contraste, change tout. Ainsi, la source des manifestations de la joie des premiers chrétiens – et la clé de leur secret – était la conscience de la grâce de Dieu à l'œuvre dans tous les domaines de leur vie.

Jésus lui-même, en prenant la défense de la femme qui lui avait versé de la myrrhe sur les pieds, va dans le même sens : « Si je te déclare que ses péchés si nombreux ont été pardonnés, c'est parce qu'elle a montré beaucoup d'amour. Mais celui à qui on pardonne peu montre peu d'amour[17]. » L'idée, ici, n'est pas que certains se sont vu pardonner plus de péchés, ou que certains étaient de plus grands pécheurs, mais que certains voient leur besoin de pardon et d'autres pas, que certains plus que d'autres se souviennent de ce qu'il leur a été pardonné, et sont plus consciemment reconnaissants. En revanche, l'oubli du pardon occulte l'amour.

Potentiellement, l'ingratitude n'est jamais loin : des dix lépreux que Jésus guérit, un seul revient exprimer sa gratitude. Quand le fils prodigue revient, et que le fils aîné, amer, jaloux et imbu de lui-même, s'indigne, la réponse du père vient à point nommé lui rafraichir la mémoire : « Mon enfant, lui dit le père, tu es constamment avec moi, et tous mes biens sont à toi[18]. » Ou encore, ce serviteur du roi, à qui l'on vient de remettre une dette monumentale, s'en prend à un autre serviteur pour une poignée de pièces et lui réclame son dû. Dans sa mesquinerie, il se souvient de ce qu'il aurait dû oublier, et il oublie ce dont il aurait dû se souvenir : le pardon dont il a été l'objet. Seul l'oubli peut conduire à une telle intransigeance[19].

La même leçon résonne plus tard dans l'histoire de l'Église. Augustin reconnaissait à quel point les paroles de Paul le concernaient : il n'y avait rien de ce qu'il avait qu'il n'eût reçu.

---

17. Luc 7.47 (*TOB*).
18. Luc 15.31.
19. Voir aussi Juges 2.7,10 ; 3.7 ; Jérémie 2.32 ; Ézéchiel 15.7.

Par conséquent, tout pour lui était grâce. Son portrait du chrétien reconnaissant est un modèle de ce que peut être la joie et
la gratitude qui émanent du souvenir de la grâce : « De quelle
reconnaissance payerai-je le Seigneur ? Ma mémoire garde de tels
souvenirs et mon âme n'en ressent point de crainte ? Je vous aime-
rai, Seigneur, je vous rendrai grâces, je confesserai votre nom pour
m'avoir pardonné tant d'œuvres mauvaises et scélérates[20]. »

Des siècles plus tard, cette même grâce ne cessait d'émerveiller
John Newton. Longtemps après sa conversion, il ne parvenait toujours pas à oublier qu'il avait un jour été « un infidèle, un libertin
et un serviteur d'esclaves[21]. » C'est ce souvenir profond du passé
et de ses vicissitudes, contrastant avec le miracle du salut qui l'a
poussé à écrire le célèbre hymne *Amazing grace* (Grâce infinie). On
pense ici aux mots du poète W. H. Auden : « Que vos dernières
pensées soient toutes de gratitude[22]. »

GARDER LES LIGNES OUVERTES

Le souvenir pour un chrétien n'a rien à voir avec la nostalgie ou
la rêverie. Il est beaucoup plus profond que le simple fait de pos-
séder des capacités mnémoniques hors du commun. Comme le
soulignait G. K. Chesterton : « La tradition est la foi vivante des
morts, le traditionalisme, la foi morte des vivants[23]. » La différence entre ces deux réalités est considérable. La mémoire régénérée par l'Esprit de Dieu garde vivante la conscience du présent
dans la perspective vivante du passé. Ainsi, notre gratitude et notre

20. Augustin, *Les Confessions*, Paris, Garnier-Flammarion, 1964, p. 46.
21. Grace Irvin, *Servant of Slaves,* Londres, Oliphants, 1961, p. 433 (traduction
    libre).
22. Humphrey Carpenter, *W. H. Auden: A Biography*, Londres, Unwin Paperback,
    1983, p. 449 (traduction libre).
23. Cité dans Jaroslaw Pelikan, *The Vindication of Tradition*, The Jefferson lectures,
    Yale University, 1984, p. 65 (traduction libre).

reconnaissance, stimulées par la connaissance du passé, sont en lien étroit avec la foi et l'espérance qui concernent le présent et regardent vers l'avenir. C'est ce qui confère à la foi la continuité et la plénitude qui lui sont nécessaires pour grandir et s'épanouir.

Le Titien a capturé cette continuité dans son *Allégorie de la Prudence*. Dans ce tableau, la Prudence est représentée par trois visages : un visage jeune qui regarde vers l'avenir, celui d'un homme mûr qui regarde le présent et enfin le visage d'un vieillard empreint de sagesse et d'expérience qui regarde en arrière vers le passé. Et la devise que Le Titien a inscrite au-dessus de ces visages est la suivante : *Ex praeterito praesens prudenter agit ni futura actione deturpet* (de l'exemple du passé, l'homme du présent agit prudemment de façon à ne pas mettre le futur en péril).

La vie chrétienne suit précisément la frontière entre le présent et le passé. La foi est une expérience profondément existentielle, mais l'expérience au jour le jour du chrétien n'est jamais isolée, à la dérive, parce que la mémoire lui donne un ancrage dans le passé. La foi est aussi réflexion, mais le souvenir comme tel ne devrait jamais nous faire basculer dans le remords ou la nostalgie : se souvenir des belles choses du passé, et pardonner les autres.

Comme le dit un vieux proverbe russe : «Ressasser le passé vous fera perdre un œil, l'oublier vous fera perdre les deux.» Lorsque nous perdons cette tension entre le passé et le présent, nous avons tendance à considérer le moment présent à la fois comme unique et isolé. Cela contribue par conséquent à nous enfermer dans une réalité autonome, en révolte contre Dieu, coupés de tous liens avec le passé, et incapables de faire face aux exigences de l'avenir.

La mémoire rachetée, intimement liée à la vérité, ne tombe pas dans de tels pièges. Elle reste en contact étroit avec les strates profondes du passé, là où se jouent les batailles cruciales de la foi. Au contraire, une coupure d'avec ces strates profondes prépare le terrain de la rébellion contre Dieu. La suffisance et le doute – qui constitue sa cause principale – reposent ainsi sur une vision limitée et sclérosée de la réalité, alimentée par une mémoire défaillante. En gardant des liens étroits avec le passé, en nous rappelant les avertissements et les leçons de notre histoire, notre mémoire régénérée nous porte en avant, et stimule notre foi dans son combat avec la réalité présente.

LE DOUTE DE LA CHRÉTIENTÉ

Cette première catégorie de doute a partie liée avec la rationalisation et la recherche d'excuses, deux mécanismes de défense psychologique redoutables. Toutefois, contrairement à ce qu'il prétend, celui qui est en proie à ce genre de doute n'est pas en conflit avec ses croyances, mais avec lui-même : la cause réelle du doute n'est pas le manque de preuves, mais sa propre volonté d'autonomie et l'ingratitude qui le ronge. Fondamentalement, ce doute n'a rien contre la vérité, sauf lorsqu'elle le dérange. Il peut contester bruyamment la vérité par autant d'arguments et d'objections, mais ce ne sont que des leurres et des outils de propagande qui servent d'excuse au doute. Le fond du problème n'est pas que la vérité serait peu fiable, mais plutôt que le doute n'en a que faire.

On pourrait l'appeler le « doute de la chrétienté » : chaque fois qu'une communauté chrétienne commence à tenir la foi pour acquise, que l'éducation qu'elle prodigue devient un refuge à tous les vents, elle pousse ses membres à fuir le monde et à se couper des tensions de la vie contemporaine, et ce, du berceau à la mort. Sans le rappel constant de « ce qui fut et de ce qui aurait pu être », il devient de plus en plus difficile de ne pas tomber dans une attitude blasée et complaisante.

Beaucoup d'étudiants d'écoles bibliques se sentent si bien à l'abri des rumeurs du monde, protégés par leurs certitudes, que pour eux Dieu n'est plus qu'une abstraction théorique. Certes, ils n'en sont pas entièrement responsables, mais leur doute résulte d'un manque d'implication dans le monde réel. Cela implique que lorsque ce doute s'installe, ce n'est pas de nouveaux sermons ou de nouvelles réponses dont ils ont besoin, mais de vécu et de plus de questions encore.

D'une certaine manière, ce premier type de doute est assez typique du protestantisme, en ceci qu'il émane d'une image erronée et d'un excès de liberté. Le génie du mouvement de la Réforme a été de rendre les hommes libres en Dieu. La justification « par la foi seule » a supprimé toute servilité et tout intermédiaire de la hiérarchie humaine entre Dieu et le croyant. Mais puisque cette liberté n'était pas contrebalancée par la responsabilité, ce mouvement libérateur a presque poussé les croyants de la liberté *en* Dieu à l'émancipation *vis-à-vis* de Dieu. On pourrait dire que le désespoir de l'existentialisme est la conséquence logique de l'athéisme, en admettant que l'athéisme lui-même est la conséquence d'un protestantisme ingrat.

Les premiers réformateurs étaient loin d'ignorer ce danger. Ainsi, Martin Luther rappelait cet adage latin : « Rien ne vieillit plus vite que la gratitude[24]. » Et alors qu'il méditait amèrement sur l'avenir de la Réforme, Luther s'est exclamé : « L'ingratitude et l'irrévérence du monde me terrifient. Je crains donc que sa lumière ne dure pas[25]. » Heureusement, la vitalité spirituelle et culturelle de la Réforme ont survécu aux craintes de Luther, mais nous ne devrions pas oublier ses avertissements. Pourquoi la plupart des mouvements de réveil ne survivent-ils guère au-delà de trois générations ? N'est-ce pas parce que nous oublions si vite, parce que sans la mémoire du passé, la liberté n'est qu'un luxe éphémère ?

---

24. Gerhard Ebeling, *Luther*, *op. cit.*, p. 1415 (traduction libre).
25. *Ibid.*, p. 1416 (traduction libre).

LA PERMANENCE DU SOUVENIR

À première vue, le remède à ce doute a l'air simple. Si le doute résulte de l'oubli, le remède ne résiderait-il pas dans le souvenir ? En fin de compte, c'est certainement le cas. En effet, le souvenir du passé, de « ce qui fut et qui aurait pu être » confère au présent une nouvelle acuité, capable de contrer l'endurcissement des cœurs et de desceller les lèvres les plus fermées à la louange. Mais le chemin qui y mène est long, car le doute est un refus de se souvenir, et pas un simple trou de mémoire à combler. Comment l'amener là où justement il refuse d'aller ?

Cela requiert une stratégie spécifique, propre à abattre les murailles de la complaisance et à déloger l'autosuffisance. Les doutes de ce type sont une sorte de jeu auquel il faut mettre un terme. Les personnes en proie au doute ont le choix, mais il faut que ce choix se fasse en pleine conscience que c'est l'incrédulité et non le doute qui est en jeu. Et le chemin passe par une remise en question profonde, un retour aux questions essentielles, amenées avec doigté et en douceur : qui est Dieu, et quelle différence cela ferait-il s'il n'existait pas ? Où en étais-je avant de croire en Dieu ? Où en serais-je sans Dieu ? Suis-je en train de remettre en cause une croyance, ou suis-je en train de vivre les effets d'une circonstance particulière, comme le deuil d'un proche ?

Le défi semble insurmontable, mais pas impossible. Si le doute est un refus moral de se souvenir, de « simples rappels » s'avéreront agaçants. Celui qui doute ne s'en sortira jamais à moins que Dieu ne travaille en profondeur et ne l'amène à la conviction de son péché. Et c'est donc de moins de discours et de plus de prières dont a besoin celui qui doute ; de questions plus que de réponses toutes faites, de compassion plus que de jugement. Faire la morale à celui qui doute ne fera que renforcer ses défenses, tandis que le souvenir du passé lui ouvrira des horizons même à son insu. L'épée est par conséquent plus utile que la massue.

Ce type de doute est un exemple de l'inadéquation de réponses trop théologiques face à l'insensibilité de la personne qui doute. La mission de travailler dans les cœurs revient au Saint-Esprit[26]. Toutefois, savoir que la personne a besoin de la conviction qui vient de Dieu n'implique pas forcément de le formuler à son interlocuteur. Prier et se taire peut préparer le terrain à l'œuvre de Dieu tout autant que de prêcher et en dire trop.

Quand le doute est encore embryonnaire, le souvenir peut jouer un rôle préventif. Garder une mémoire vivante et reconnaissante est un art, et lorsque la spontanéité prend le dessus, le processus du souvenir joue son rôle naturel. L'excès d'effort au contraire se fait aux dépens de l'implication dans le présent. Dans l'idéal, le souvenir devrait constituer le fil conducteur de toute notre vie chrétienne – individuellement, collectivement, publiquement et en privé ; dans les moments de prière intime tout comme dans les moments de louange publique ; pour les personnes seules, en couple ou en famille, pour les Églises, les communautés et les nations.

Une mémoire ravivée n'est pas à confondre avec ces témoignages de vie que l'on entend parfois : ces derniers peuvent devenir un objet de fierté qui passent à côté du but fixé. Le souvenir perd toute valeur s'il n'est qu'une cérémonie rituelle répétée cent fois : ce qui importe, c'est le cœur et ses soupirs secrets devant Dieu. À l'instar du roi David qui pouvait déjà dire : « Célébrez le Seigneur car il est bon, car sa fidélité est pour toujours. [...] Alors nous célébrerons ton saint nom en nous glorifiant de te louer[27]. » Une telle attitude, tant qu'elle relève de la fierté à louer Dieu ne laisse pas de place au doute. Toutefois, si nous devenons oublieux, si la louange se fait moins présente, c'est l'orgueil qui prend le dessus.

---

26. Jean 14.26 ; 16.8-10.
27. 1 Chroniques 16.34,35 (*TOB*).

Et le doute ne sera que l'annonce officielle de la montée et l'avènement de l'autosuffisance.

Lors d'une déclaration annuelle solennelle, les Hébreux commençaient par se souvenir que leur père avait été «un Araméen errant». Au XVIIe siècle, le gouverneur Bradford, en s'adressant à ses concitoyens fraîchement arrivés à Plymouth, leur rappelait de ne jamais oublier que «nos pères anglais ont traversé l'océan, ils étaient prêts à périr dans cette immensité; mais ils ont crié au Seigneur : il les a entendus et leur a répondu dans leur adversité[28]. » Augustin parle de la mémoire comme du palais intérieur de notre esprit[29].

Le monde moderne a eu le génie de faire de nous des êtres blasés. Il nous pousse à une complaisance qui tient tout pour acquis. Ainsi, nous nous sommes habitués à l'instantané, à la facilité, à la routine et au préfabriqué dans tous les domaines. C'est vrai dans le domaine de la science et de la technologie, où l'esprit séculier règne en maître, et il n'en va pas autrement dans le domaine de la foi. Comme le disait Bart Simpson dans un épisode de la célèbre série télévisée du même nom : «Seigneur, nous avons travaillé et payé pour ce repas, alors nous ne te remercions de rien. »

Comme disciples de Christ, nous devrions vivre selon cette devise : «Ne tenez rien pour acquis, recevez tout avec reconnaissance et actions de grâce.» Pour ce faire, nous devrions planifier des moments pour nous souvenir des bontés de Dieu. Faites-vous le point à la fin d'une journée, d'une semaine, d'une année? Gardez-vous des traces des bienfaits de Dieu pour vous aider à vous en souvenir plus tard? Tenez-vous un journal ou prenez-vous des notes des actions de Dieu, des prières exaucées, des expériences extraordinaires qui vous ont montré la main de Dieu ou

28. William Bradford, « Of Plymouth Plantation », dans Perry Miller, éd., *The American Puritans: Their Prose and Poetry,* New York, Doubleday Anchor, 1956, p. 18 (traduction libre).
29. Augustin, *Les Confessions, op. cit.,* p. 210.

sa volonté ? Participez-vous activement aux réunions ou aux cultes d'actions de grâce ? Vous arrêtez-vous parfois pour remercier Dieu des mille petites joies qui agrémentent vos journées ?

Les occasions de nous souvenir de ce que Dieu a fait pour nous et de lui rendre grâces sont infinies. Nous devrions prendre la reconnaissance plus au sérieux. Lors de la victoire d'Israël, le prophète Samuel érigea un monument à Dieu. « Il l'appela Evèn-Ezèr, c'est-à-dire Pierre du Secours, "car, dit-il, c'est jusqu'ici que le Seigneur nous a secourus"[30]. » Le temps que nous prenons pour rendre grâces et louer Dieu rend témoignage devant Dieu et les hommes de notre confiance totale en notre Seigneur, ainsi que de notre refus radical de l'auto-suffisance et du doute. Cela montre notre désir de nous en remettre à Dieu en toutes choses et notre détermination à persévérer dans la foi.

Tu m'as tant donné déjà,
Mais accorde-moi une chose encore – un cœur reconnaissant

– George Herbert
(Traduction libre)

---

30. 1 Samuel 7.12 (*TOB*).

CHAPITRE 4

UNE FOI MYOPE

LE DOUTE PROVENANT D'UNE FAUSSE VISION DE DIEU

Vous est-il déjà arrivé d'être attendu à votre arrivée à l'aéroport par quelqu'un qui ne vous connaissait pas? Habituellement, vous repérez assez facilement la personne à son large sourire ou à sa manière un peu nerveuse de passer en revue les passagers au fur et à mesure qu'ils passent la porte. Il m'est arrivé un jour d'atterrir à l'aéroport de Boston et de me retrouver déboussolé au milieu du hall d'arrivée, sans personne pour m'attendre. Et alors que j'en étais déjà à me demander s'il y avait eu un malentendu, un homme s'est approché en se confondant en excuses : «Je suis désolé, me dit-il, mais je ne vous ai pas repéré, je m'attendais à quelqu'un de différent!»

UNE CERTAINE IMAGE D'AUTRUI

L'idée que nous nous faisons des gens influence toujours la manière dont nous les percevons. Et il arrive que l'image que nous nous faisons soit si distordue que nous passons à côté d'eux sans même les voir. Imaginez un instant une issue différente à ma mésaventure. Et si celui qui devait m'accueillir en était resté à son idée préconçue jusqu'à en déduire que je n'étais pas arrivé? D'un certain point de vue, il n'aurait pas eu tort : je n'étais pas la personne qu'il s'attendait à voir. Or, cette personne n'existe que dans son imagination, alors que moi, j'étais bien là depuis le début.

Lorsque nous parlons de « l'idée que nous nous faisons des gens », nous nous référons à une sorte d'image intérieure que nous avons des autres. Lorsque l'image correspond à la personne, nous ne prenons pas conscience du fait que l'image n'est pas la réalité : l'image joue son rôle de nous conduire à la personne et nous faire entrer en contact avec elle. Mais lorsque l'image ou l'idée ne correspond pas à la réalité, un décalage s'ensuit, et nous prenons conscience de nos idées préconçues et de nos préjugés. Les fausses représentations viennent s'interposer entre nous et l'autre personne, de sorte que l'image que nous avons de l'autre vient troubler la communication plutôt que la faciliter.

L'image que nous avons d'autrui agit comme un a priori : nous nous attendons à ce que l'image corresponde à la réalité, et nous présupposons que les gens agiront conformément à l'image que nous avons d'eux. On voit ainsi à quel point une simple image peut affecter les relations. Et tout comme nos relations peuvent révéler nos préjugés, nos idées préconçues peuvent dans une large mesure déterminer nos relations avec les autres. Par exemple, si je pars de l'idée que mon interlocuteur est honnête alors qu'en réalité c'est un escroc, il lui sera assez facile de tromper ma confiance. Alors qu'à l'inverse, si je pars de l'idée que j'ai affaire à un escroc alors qu'il est honnête, je me trompe moi-même en ne lui faisant pas confiance. Dans les deux cas, la confiance est trahie. Même si c'est pour des raisons opposées, la cause en demeure la même : un présupposé de départ erroné. La personne ne correspondait pas à l'image que j'avais d'elle.

Cette seconde catégorie de doute fonctionne sur le même modèle. Pour une raison ou une autre, beaucoup de croyants se font une fausse image de Dieu qui vient s'interposer entre eux et Dieu, ou entre eux et leur foi. Peu conscients que Dieu ne correspond pas à l'image qu'ils en ont, ils préfèrent rejeter la faute sur Dieu plutôt que de remettre en cause leur fausse image de départ. Incapables de voir Dieu tel qu'il est, ils ne parviennent pas à lui faire confiance, et le doute surgit.

Ce second type de doute s'enracine dans une faille au deuxième niveau de compréhension, celui à partir duquel les présupposés chrétiens entrent en jeu. Le premier niveau qui amorçait la quête de Dieu impliquait la prise de conscience de nos besoins. À partir de là, tout le reste sera marqué par cette recherche d'une réponse qui soit à la fois satisfaisante et fiable. Ainsi, un homme en recherche s'interroge : la foi chrétienne est-elle vraiment la réponse ? Comment savoir si ce que l'on sait est vrai ? Il franchit un second niveau de compréhension lorsque les réponses de la foi répondent au premier critère. Après avoir entendu et examiné la foi chrétienne, cet homme reconnaît qu'elle est vraie et qu'elle apporte *la réponse nécessaire et adéquate*.

Nous ne songeons pas ici à des réponses conceptuelles ou purement rhétoriques, comme si la foi chrétienne pouvait tenir dans un catalogue de réponses toutes faites. Un pauvre hère du XIXᵉ siècle agenouillé et en pleurs au banc des pénitents ne trouvait pas moins de « réponses » au pied de la croix qu'un philosophe du XXᵉ siècle armé des questions les mieux formulées. La clarté de la question tout comme le niveau conceptuel de la réponse importent peu ici. L'enjeu à ce niveau repose sur la conviction que si la foi chrétienne est vraie, elle est à même de répondre à nos besoins.

C'est là que les présupposés interviennent. L'homme en quête de vérité ressemble à quelqu'un qui part acheter un costume. Il ne commence pas par acheter un costume en se demandant ensuite si le costume lui va et quel usage il pourrait en faire. Non. D'abord, il en cherche un qui lui plaise et qui lui convienne, l'essaie, puis le paie. De la même manière, la foi chrétienne est postulée avant de faire l'objet de preuves. En fait, elle est postulée pour voir si elle mérite d'être prouvée. La question en jeu est celle-ci : « Si la foi chrétienne est vraie, quelle différence cela fait-il ? » Ce n'est qu'au troisième niveau que les présupposés se verront confirmés, et au quatrième qu'ils seront définitivement adoptés comme des convictions personnelles.

Le terme de « présupposés chrétiens » ne devrait pas nous rebuter. Ces présupposés sont simplement des vérités chrétiennes admises d'avance, présupposées. Nous aurions pu remplacer le terme par « vérités chrétiennes » (ou « doctrines » ou « promesses ») : l'enjeu porte plus ici sur ce qu'implique le fait de présupposer une vérité, plutôt que sur le contenu de ce qui est présupposé. Si nous avions parlé de vérités, l'attention aurait porté sur le contenu, alors que le terme « présupposé » met l'accent sur l'acte de postuler qui sous-tend la vérité posée. Bien sûr, les présupposés ne sont pas appelés à rester des abstractions : les présupposés chrétiens ne recèlent rien d'autre que l'entière vérité de qui Dieu est, et ce qu'il a fait pour nous. Nous parlons de présupposés, comme nous aurions pu parler en termes précis de la sainteté de Dieu, de sa justice, de son amour ou simplement du fait que « Jésus m'aime ».

À partir de ce second niveau, la dimension du présupposé fera partie intégrante de la foi. Ce qui implique que les présupposés ne font pas simplement partie des étapes qui mènent à la foi, mais qu'elles sont inhérentes à la foi elle-même. Un homme d'affaires peut ajuster son costume au salon d'essayage, mais il l'achète pour le porter au quotidien. Ainsi, lorsque les présupposés se voient confirmés, ils doivent être assumés – non seulement présumés, mais endossés à la manière d'un costume. En effet, ce n'est pas l'essayage dans la boutique qui lui confère sa fonction, mais bien le fait qu'il soit porté au bureau.

Pour prendre une autre image, les présupposés ne sont pas des fusées de propulsion de la foi, appelées à retomber à terre une fois le satellite sur orbite. Ils sont essentiels à la foi, tout comme un moteur l'est pour un avion. Ce qui s'avérera superflu dans le cas de la foi, ce qui distinguera la foi en germe de la foi éclose, ce sont les suppositions et les hypothèses qui caractérisaient les premières ébauches des présupposés. Toute connaissance repose sur des présupposés, mais à un certain moment, une fois les présupposés testés et approuvés, ils cessent d'être des mesures provisionnelles pour devenir des propositions fiables sur lesquelles le croyant peut s'appuyer.

DE FAUSSES IMAGES DE DIEU

Croire en Dieu, c'est «laisser Dieu être Dieu». Tel est l'enjeu principal de la foi. Par la foi, nous permettons à Dieu d'être dans nos vies qui il est de manière absolue. En faisant confiance à Dieu, nous donnons vie à nos convictions, et en mettant en pratique ce que nous croyons de Dieu, nous laissons Dieu et son œuvre nous transformer.

Cela implique que l'exactitude de nos représentations de Dieu ne se mesure pas à la justesse de nos croyances ou à la conviction de nos paroles, mais à la vérité de ce à quoi nous nous fions dans notre vie quotidienne. L'épreuve de vérité se joue au moment où la roue tourne, que les jeux sont faits et que la réalité s'apprête à rendre son verdict. Ce que nous présupposons dans de tels moments révèle notre véritable image de Dieu, qui peut se révéler très différente de ce que nous disons ou professons.

C'est pourquoi les présupposés sont essentiels à la foi. Ils affectent notre image de la réalité, de sorte que s'ils sont flous ou distordus, notre perception de la réalité le sera également. Comme une paire de lunettes, nos présupposés déterminent ce que nous voyons, et comment nous le voyons, mais pas forcément ce qu'il y a à voir.

Il en va de même avec la foi véritable en Dieu. Si nos présuppositions correspondent à la vérité, alors le point de mire de notre foi en Dieu est bien réglé, et l'image de Dieu que nous avons est correcte, laissant Dieu être Dieu. Par contre, si notre image de Dieu est faussée, toutes nos hypothèses concernant ce que Dieu peut être et faire dans nos vies en seront affectées. Lorsque l'objectif de la foi est déréglé, notre image de Dieu est distordue, et dans cet espace mal défini, aux contours dangereusement flous, le doute a beau jeu de s'installer. Quand les présupposés sont faux, l'image de Dieu qui en résulte est faussée et dégénère en doute.

Le problème avec ce genre de doute n'est pas qu'il nous amène à douter de nos présupposés (corrects au départ), mais qu'il s'appuie sur de mauvais présupposés. La différence est de taille. Si nos présupposés étaient justes, mais que nous ne parvenions pas à y croire, le problème se situerait ailleurs (comme nous le verrons aux chapitres 6 et 9). Le problème ici est que nous continuons à croire à nos présupposés bien qu'ils soient faux.

Faisons ce simple test. Songez un instant à une crise que vous avez dû traverser, à l'occasion d'un choc, d'une période de stress ou d'un échec. Qu'est-ce que votre attitude au cours de cette période a révélé de l'image que vous aviez de Dieu? Ou songez à un problème que vous avez dû affronter à un moment crucial de votre vie, et à la manière dont vous l'avez amené à Dieu en prière. C'est dans de telles situations que se révèle notre véritable conception de Dieu. Ce que la foi exige révèle toujours ce qu'elle présuppose. Ce que notre foi nous amène à exprimer au cœur d'une situation de crise est révélateur de ce que nous croyons voir derrière cette même situation. Si nos postulats sont corrects, nous serons amenés à prier en toute confiance. Diverses causes peuvent affecter ce lien étroit entre postulat et prière, mais fondamentalement, la foi est forte ou faible, avance ou recule en rapport direct avec nos présupposés.

Si nous disons que nous croyons en Dieu et que nous croyons qu'il nous aime, mais que nous agissons comme s'il était absent ou indifférent, alors les croyances que nous affichons dans la pratique ne sont pas en accord avec les croyances que nous professons en théorie, et nous serons à plus ou moins longue échéance conduits à douter de Dieu. Les meilleurs tests de notre véritable foi sont les crises et non les credo, les échecs et non les réussites. Parfois, nos réactions en situation de crise révèlent des croyances implicites qui ne sont guère différentes de celles des incroyants.

D'un côté, nous professons le plus orthodoxe des credo, et de l'autre, au travers de nos actions, nous donnons à voir une image de Dieu à peine digne de païens. Comme le disait Oswald Chambers : « La foi n'existe réellement que lorsqu'elle est mise à l'épreuve. Et l'épreuve la plus effective ne résulte pas tant de ce que nous avons de la peine à nous confier en Dieu, que du fait que nous n'arrivons pas à saisir clairement la nature et la puissance de Dieu[1]. »

LA CONSTRUCTION DES FAUSSES IMAGES

Nous en arrivons à développer des présupposés erronés de deux manières. La première, en continuant à entretenir certains présupposés préchrétiens après nous être tournés vers Dieu : au lieu de les éradiquer et de nous en débarrasser, nous les laissons subsister et se mélanger aux nouveaux présupposés de la foi chrétienne, qui seuls devraient constituer le socle sur lequel nous nous appuyons. Cela passe souvent inaperçu pour la bonne raison que des changements plus visibles et plus radicaux se sont produits dans d'autres domaines, et notamment notre style de vie. Nous avons certes procédé à un grand coup de balai, mais les vieux meubles sont restés. Ce qui peut résulter en un

---

1. Oswald Chambers, *Tout pour qu'il règne*, Lausanne, Ligue pour la lecture de la Bible, 2006, voir la méditation du 31 octobre.

compromis boiteux où les anciens présupposés, tel un cheval de Troie, neutralisent les nouvelles bases de nos croyances, de sorte que nos représentations ne sont pas tant renouvelées que simplement rafistolées, si du moins encore les anciennes ne chassent pas les nouvelles.

Aucune armée sensée n'avancerait en territoire ennemi en laissant des poches de résistance derrière. Le cas échéant, elle découvrirait vite que les avantages provisoires n'ont pas fait long feu : de même, nous ne ferons pas de progrès dans la foi si nos présupposés ne sont pas constamment renouvelés et alignés sur la vérité révélée.

Les avertissements que Dieu adressa aux Hébreux avant qu'ils ne partent à la conquête de la Terre promise s'appliquent tout aussi bien au renouvellement de l'intelligence par lequel nous devrions passer : « Mais si vous ne chassez pas devant vous les habitants du pays, ceux d'entre eux que vous aurez laissés seront comme des piquants dans vos yeux et des épines dans vos flancs. Ils vous harcèleront dans le pays même où vous habiterez[2]. » Une intelligence renouvelée n'est rien moins que l'esprit du Christ dans l'esprit du croyant, une intelligence placée sous l'autorité de Christ, de telle sorte que tous ses présupposés sont entièrement renouvelés de l'intérieur en accord avec la vérité de Dieu. Sans cela, tout changement ne sera que mensonge, piège et mauvaise foi, et surtout une porte ouverte au doute.

La seconde façon dont nos représentations de croyants peuvent se trouver affectées trouve sa source dans des présupposés étrangers à la foi, et que nous laissons s'insinuer après-coup. Ce type de contamination n'est souvent pas visible, sinon, nous les aurions instinctivement repérées et rejetées. (Une grenouille plongée dans l'eau bouillante aura immédiatement le réflexe de

---

2.   Nombres 33.55 (*TOB*).

sauter hors de la marmite de manière à s'en échapper.) Mais si les postulats étrangers sont suffisamment subtils et diffus, ils s'insinuent dans notre esprit et prennent le pouvoir, sans même que nous en soyons conscients ni que nous en percevions les dangers. (Il est possible d'amener une grenouille vivante au point d'ébullition en élevant graduellement la température de l'eau.)

On en trouve de multiples exemples chez des croyants qui viennent à la foi dans un siècle intellectuellement trouble, et qui construisent un système de croyances bricolé à partir de pièces récupérées du bouddhisme et des idées du Nouvel Âge. Ou encore parmi des croyants qui ont commencé solidement dans la foi, mais qui ont été séduits par le relativisme des conceptions actuelles de la vérité. Caché derrière des formes artificielles de tolérance (qui au mieux se réduisent à de l'indifférence déguisée, et au pire à un rejet pur et simple de tout absolu), le relativisme moderne a eu un effet corrosif sans équivalent sur le cours historique des convictions chrétiennes. Avec pour conséquence que nombre de chrétiens fidèles sont laissés en proie au doute et à la confusion. À considérer l'ampleur de l'épidémie de doute qui se répand, on peut se demander s'il faut s'étonner du nombre de ceux qui perdent la foi, ou au contraire du peu qui la perdent.

L'une des raisons qui expliquent que beaucoup de croyants ne perdent pas la foi réside dans le fait que leur style de vie les protège des désagréments que leur procurent les incohérences de leur foi. Pourtant, le danger n'en est pas moins réel. La subtilité feutrée de l'influence des présupposés étrangers à la foi est telle qu'ils agissent avant même d'être détectables. Qu'il s'agisse d'un étudiant immergé dans un bain de relativisme à l'université ou d'une famille exposée à l'influence des médias, les croyants en général sont trop peu conscients du danger. Et lorsqu'ils sont alertés par la situation, ils réalisent que le combat contre le relativisme n'est pas un bras de fer qui se joue à quitte ou double, mais une guerre des nerfs contre un ennemi aux mille visages, qui se cache partout et nulle part à la fois.

Quelle que soit l'origine de ces faux postulats, anciens ou étrangers, le problème est le même : s'ils sont faux, notre image de Dieu sera faussée. Si la foi est troublée, nous perdons Dieu de vue et le doute s'installe inévitablement, comme un signal d'alarme pour nous prévenir de l'esprit du siècle qui nous guette.

Si Dieu était vraiment conforme à l'image que nous avons de lui, nous aurions de bonnes raisons de douter. Mais c'est bien plutôt notre image de Dieu qui est faussée, et qui alimente le doute sur fond de malentendu. Parfois, lorsque j'entends parler certains croyants qui disent avoir perdu la foi, je suis moins surpris qu'ils s'y attendent. Si leur vision de Dieu est bien celle qu'ils professent, on peut s'étonner qu'ils n'aient pas rejeté la foi plus tôt.

À l'extrême, certaines personnes ont une conception de Dieu tellement faussée qu'il vaudrait mieux qu'ils se mettent à douter plutôt que d'entretenir l'illusion d'une vie de piété. Plus ils sont dévots, plus leur foi sera hypocrite, jusqu'à en être idolâtre. Dans ce cas, le doute n'est pas seulement compréhensible, mais il en serait presque une marque de perspicacité intellectuelle et spirituelle.

Notre second type de doute est révélateur d'une confusion entre vérité et erreur, d'un mélange de présupposés chrétiens et non chrétiens, qui a fini par éroder les fondements de la foi. De tels doutes se cristallisent autour de deux axes bien précis. D'une part, les présupposés laissent tellement à désirer et sont si inadéquats qu'ils finissent par se révéler faux. D'autre part, ils sont vrais en ce qu'ils ne contiennent aucune erreur, mais sont si incomplets qu'ils constituent un problème : il ne révèle pas toute la vérité. Dans le premier cas, l'image de Dieu est faussée, dans le second, elle est trop limitée.

DIEU OU BAAL

On trouve un bon exemple du premier problème du mélange de postulats dans les compromis désespérés des syncrétismes religieux du IXe siècle av. J.-C. en Israël. À leur entrée dans la Terre promise, les Israélites s'étaient vite aperçus que chaque région du pays avait sa propre déité, son propre « Baal » (terme qui signifie « seigneur » ou « détenteur »). Il n'est pas impossible qu'au départ, les Israélites aient commencé à utiliser le nom de Baal sans arrière-pensée pour désigner l'Éternel Dieu. Au IXe siècle av. J.-C., la pratique avait dégénéré pour faire place à la confusion la plus grossière. C'est ainsi que le culte de Baal-Moloch, le dieu de Tyr, s'est insinué dans les mentalités et a corrompu la foi en Dieu.

La position du prophète Élie vis-à-vis de cette pratique a été radicale : la confrontation et la clarification des enjeux. Qui est souverain ? L'Éternel ou Baal ? Qui était la source du problème et qui l'emporterait ? Achab ou Élie ? Le peuple a été placé devant un choix simple : « Alors Élie s'avança devant tout le peuple et s'écria : Combien de temps encore sauterez-vous des deux côtés ? Si l'Éternel est le vrai Dieu, suivez-le. Si c'est le Baal, ralliez-vous à lui[3] !» Il ne peut y avoir d'hésitation : on ne peut servir deux maîtres. Ils ne pouvaient pas rester dans l'entre-deux, ils étaient sommés de choisir et de vivre en accord avec leur choix.

Nous nous trouvons dans une situation comparable aujourd'hui, même si les termes sont différents. Pour beaucoup de chrétiens, la foi est devenue une aventure morose parce que leurs présupposés reposent sur un mélange malheureux d'idées chrétiennes et non chrétiennes. Ils sont tièdes parce qu'ils sont divisés. Ils veulent le meilleur des deux mondes, mais ils ne rencontrent que le pire de chacun des deux. Ils ne rejettent pas complètement la foi, mais ne l'embrassent pas complètement non plus. À côté

---

3.   1 Rois 18.21.

de leur foi, certains ont conservé leurs anciennes idées racistes, d'autres leur vision matérialiste du monde. D'autres, bien qu'ils soient chrétiens, souscrivent toujours à une vision de la science d'inspiration naturaliste. Pour certains, le problème des postulats est théorique, pour d'autres il est pratique, mais pour tous, c'est le mélange qui fait problème.

Les différents types de mélange de présupposés ont chacun leurs conséquences : la croyance au naturalisme aura tendance à affaiblir la pratique de la prière, le relativisme émoussera le tranchant de la vérité, alors que la croyance dans le matérialisme dialectique et la lutte des classes nous éloignera de la préoccupation pour le royaume de Dieu. Poussés au bout de leur logique, les postulats du déterminisme psychologique réduiront à un pur jeu de mots le pouvoir de transformation intérieure de la foi ; poussés au bout de leur logique, les postulats du rationalisme réduisent à néant l'idée de révélation : quoi qu'il en soit, tous les postulats qui ne sont pas en accord avec les présupposés de la foi chrétienne mènent immanquablement au doute.

Comment répondre à ce type de doute ? Lorsque nous comprenons comment ce doute se met en place, nous saisissons combien il est important de ne souscrire qu'à ce que nous savons être vrai et cohérent avec nos présupposés. Si nos postulats sont vrais, il n'est que cohérent de les assumer dans la pratique. De même, si nous concluons que d'autres présupposés sont faux, un jour ou l'autre ils se révéleront insatisfaisants, et par esprit de cohérence nous devrions les éradiquer. Plusieurs siècles avant Élie, Josué a pu avoir un aperçu des tendances syncrétistes à l'œuvre dans les mentalités au sein du peuple d'Israël et leur a adressé un ultimatum : « S'il vous déplaît de servir l'Éternel, alors choisissez aujourd'hui à quel dieu vous voulez rendre un culte : ceux que vos ancêtres adoraient de l'autre côté de l'Euphrate ou ceux des

Amoréens dont vous habitez le pays ; quant à moi et à ma famille, nous adorerons l'Éternel[4]. »

Dit autrement, la foi véritable est toujours iconoclaste : tout ce qui dans nos cœurs et nos esprits ne relève pas de Dieu doit être éradiqué. Comme l'a écrit C. S. Lewis : « *Les images du Saint deviennent facilement des images saintes – sacro-saintes*. Mon idée de Dieu n'est pas une idée divine. Il faut la briser sans cesse. Lui-même se charge de la briser dès qu'elle se présente. C'est Lui le grand iconoclaste[5]. » Une telle opération est la marque de la véritable prière. « Le résultat le plus béni de la prière serait d'en arriver à penser : "Mais je n'avais pas connu auparavant… je n'avais jamais réellement rêvé…" Je suppose que c'est dans un moment comme celui-là que Saint Thomas d'Aquin s'est écrié en parlant de son œuvre, *La Somme théologique* : "elle me fait penser à de la paille"[6]. »

Lorsque ce type de doute s'est installé, le meilleur moyen de le contrer est de le confronter. À ce point de fusion entre présupposés chrétiens et non chrétiens, les enjeux et les repères se brouillent. Le seul moyen de clarifier les choses aux yeux de la personne qui doute est de pousser les présupposés jusque dans leurs conséquences logiques. Tant que les présupposés de base ne sont pas mis à nu, toute tentative de traiter des symptômes du doute ou de réconforter la personne est inutile. La part visible du doute n'est que le symptôme d'un problème plus profond qui trouve sa source au niveau des postulats. Aussi, tout remède s'avèrera inutile, à moins que la cause profonde ne soit traitée.

Lorsqu'Augustin passait en revue les doctrines des hérétiques de son temps, sa devise favorite était : « Voyez où cela mène[7]. » Blaise Pascal allait dans le même sens en incitant ses interlocuteurs

---

4.   Josué 24.15.
5.   C. S. Lewis, *Apprendre la mort,* Paris, Éditions du Cerf, 1974, p. 108.
6.   C. S. Lewis, *Lettres à Malcolm*, Mont-Pèlerin, Éditions Raphaël, 2000, p. 128.
7.   Voir Peter Brown, *Augustine of Hippo: A Biography*, Londres, Faber & Faber, 1967, p. 345 (traduction libre).

à mener leurs raisonnements jusqu'au bout : « L'hypothèse des apôtres fourbes est bien absurde. Qu'on la suive tout au long[8]... » Plus récemment, C. S. Lewis reprenait la formule autrement : « Vous n'y avez pas vraiment réfléchi, pas jusqu'au bout, jusqu'au bout du bout[9]. » Tous ces énoncés des grands penseurs de l'histoire font écho aux paroles de Jésus : « Ainsi donc, c'est à leurs fruits que vous les reconnaîtrez[10]. » Les conclusions sont aux prémisses ce que les fruits sont à l'arbre. Beaucoup d'entre nous ne sauraient pas reconnaître un pommier d'un poirier, mais n'ont aucun mal à faire la différence entre une pomme et une poire.

Il en va de même avec les présupposés et les conclusions : il suffit de remonter jusqu'aux racines du doute dans les faux présupposés et d'en suivre les conséquences jusqu'au bout. C'est ainsi que ceux qui doutent doivent être confrontés au défi de vérifier les conséquences de leurs présupposés pour qu'ils voient où ils conduisent. Ce n'est qu'ainsi qu'ils pourront vraiment prendre conscience que les postulats sont à la fois faux et non chrétiens. Rien ne nourrit mieux le doute que les brumes de la confusion, mais une vision claire dissipe la brume et permet de choisir de croire ou de ne pas croire en toute conscience.

UNE VISION RESTREINTE DE DIEU

Le second problème relève de présupposés inadéquats. Il diffère de celui des présupposés erronés, mais n'est pas moins dangereux. Les postulats ne sont pas tant incorrects qu'incomplets, même si à long terme le résultat est le même.

---

8. Blaise Pascal, *Pensées*, 739 (Brunschvicg 801 ; Lafuma 310), dans *Œuvres complètes, op. cit.*, p. 1316.
9. Voir l'introduction de Walter Hooper dans C. S. Lewis, *Dieu au banc des accusés*, Mont-Pèlerin, Éditions Raphaël, 2010.
10. Matthieu 7.20.

Le dessein de la foi est en partie de nous aider à donner sens à la vie : ainsi, si les présupposés que nous adoptons sont incapables de nous faire embrasser la réalité qui se présente à nous, autant dire qu'ils sont inadéquats, tant sur le plan de leur rationalité que de leur cohérence.

Si nous croyons en Dieu, mais qu'en même temps nous en avons une image réductrice et limitée, notre foi ne pourra qu'en souffrir : cette conception de Dieu étriquée agira comme un garrot d'étranglement, coupant ainsi la foi de la vérité, et du coup étouffant la foi en la restreignant dans sa liberté de mouvement. Comment imaginer être à l'aise sous une telle emprise ? Peut-on penser être décontracté en portant une ceinture trop serrée ou des chaussures deux pointures trop petites ? Contrainte dans une image restreinte de Dieu, la foi ne peut s'épanouir, et le doute se manifeste, comme l'expression d'un tel inconfort.

La réaction de Sara au moment où elle a appris qu'elle donnerait naissance à un fils malgré son âge avancé est un bon exemple de ce type de doute : sa première réaction a été d'éclater de rire. Dieu l'a alors reprise : pas directement à cause de son rire, mais parce que son rire était révélateur d'une vision limitée de Dieu qui l'amenait à nier sa puissance et finalement à douter de lui. « Alors l'Éternel dit à Abraham : Pourquoi donc Sara a-t-elle ri en disant : "Peut-il être vrai que j'aurai un enfant, âgée comme je suis ?" Y a-t-il quoi que ce soit de trop extraordinaire pour l'Éternel[11] ? » Sara, en doutant, s'est ri de la promesse de Dieu, mais elle s'est mise à douter parce que son image de Dieu était limitée.

Cette foi restreinte se révèle à maintes reprises chez ceux qui en appelaient à Jésus. Très peu saisissaient vraiment qui il était, de sorte que leur foi en était limitée d'autant.

---

11. Genèse 18.13,14.

Il en est ainsi du lépreux qui était venu supplier Jésus en lui disant : «Si tu le veux, tu peux me rendre pur[12]», ou du père d'un enfant tourmenté par un esprit qui s'est exclamé : «Si tu peux faire quelque chose, aie pitié de nous et viens à notre aide[13]. » Relevons la différence d'approche : le lépreux croyait bien à la puissance de Jésus, c'est de sa compassion dont il doutait. On pourrait le formuler ainsi : «Tu pourrais si tu le voulais, mais probablement que tu ne le feras pas. » Alors que pour le père de l'enfant c'est l'inverse. Il doute de la puissance de Jésus, comme s'il disait : «Je sais que tu le ferais si tu pouvais, mais tu ne le peux probablement pas. »

La réponse que Jésus leur donne respectivement est fascinante. En réponse au lépreux, qui sent sa puissance, mais pas son amour, «Jésus, pris de compassion pour lui, tendit la main, le toucha et lui dit : Je le veux, sois pur[14]. » Alors qu'au père qui n'imaginait pas la puissance qu'il avait, Jésus répond : «Si tu peux!... Tout est possible à celui qui croit[15]. » Chacun avait une foi limitée à une vision incomplète de qui était Jésus et ne voyait qu'une facette de ce qu'il pouvait ou voulait faire. De sorte que Jésus s'adresse à la foi de chacun en fonction ce qu'il lui manque.

Comment répondre à ce genre d'erreur? Il s'agit de corriger les présupposés qui sous-tendent notre image de Dieu, en les ajustant à la bonne dimension, de telle sorte qu'ils reflètent la véritable nature de Dieu. Une telle correction n'est ni théorique ni automatique : elle doit être personnelle et précise. Chacun doit l'effectuer là où c'est nécessaire. Si je vois la puissance de Dieu, mais pas sa sagesse, inutile de partir en quête de sa justice ou de sa fidélité. C'est bien sa sagesse que j'ai besoin de découvrir, et cela signifie se débattre avec cette réalité jusqu'au bout, jusqu'à pouvoir m'y fier.

---

12. Marc 1.40.
13. Marc 9.22.
14. Marc 1.41.
15. Marc 9.23.

Ce travail n'est pas de notre seul ressort : Dieu s'est révélé par sa Parole et par son Esprit, et il continue à le faire. Dieu est plus grand et plus aimant que l'idée limitée que nous nous faisons de lui. D'ailleurs, plus que tout autre, il veut et peut faire grandir notre foi. Nous sommes tous plus myopes que nous le pensons, mais nous pouvons tous compter sur la puissance de l'Esprit Saint pour nous éclairer.

La solution a l'air simple, et pourrait faire oublier la gravité du doute. En fait, une telle vision des choses insiste sur le doute comme conséquence de présupposés erronés. *Encore une fois, les présupposés à l'origine du doute ne correspondent qu'à une image de Dieu et non pas à la réalité de qui il est* : combien de fois n'avons-nous pas étouffé la foi et offensé Dieu en donnant de lui une image étriquée ? Combien de fois Dieu doit-il nous rappeler ces paroles annonciatrices, qui jadis avaient été adressées au peuple avant l'Exil : « [...] si le reste du peuple trouve cela impossible – pour ce jour-là – devrai-je moi aussi l'estimer impossible[16] ? »

DEUX NUANCES

Il semble opportun maintenant de préciser deux éléments qui sont valables pour l'ensemble des types de doute. D'abord, ce type de doute, comme d'autres, peut être mixte. En surface, le doute peut relever de présupposés erronés, d'ordre théologique, mais la question des origines du doute reste entière : comment ces présupposés se sont-ils mis en place ? La réponse à cette question relève souvent de causes psychologiques profondes, qui nous renvoient à notre histoire passée.

Prenons par exemple deux personnes qui peinent à reconnaître que Dieu les aime, de sorte que pour elles, l'évocation de la

---

16. Zacharie 8.6 (*TOB*).

sainteté de Dieu suffit à générer angoisse et culpabilité. Le doute chez elles est un mécanisme de défense qui les protège contre les exigences impossibles auxquelles elles croient devoir se conformer. Mais d'où vient une telle vision de Dieu? Telle est la vraie question. Pour l'une d'entre elles, la raison peut être simplement liée à une conception erronée de l'amour et de la nature de Dieu révélée par Jésus dans la Bible. Alors que pour l'autre, la cause peut renvoyer à une histoire familiale complexe, qui l'empêche de concevoir une quelconque forme d'autorité comme aimante ou protectrice.

Chez ces deux personnes, les effets d'une telle image de Dieu déteindront sur leur relation à Dieu, mais de deux manières différentes. Pour la première, le doute est d'ordre intellectuel et nécessite un changement de conception; pour l'autre, il est d'ordre psychologique et nécessite un traitement qui, s'il reste superficiel et dénué de compassion, ne peut qu'échouer. (Nous reviendrons sur ces doutes de type psychologique au chapitre 9.)

En second lieu, il y a, pour ce type de doute comme pour les autres, deux étapes dans le traitement. La première, immédiate, consiste à s'en prendre aux causes du doute (dans le cas présent une image incomplète de Dieu). La deuxième, sur le long terme, consistera à renforcer la foi de façon à fermer la porte au doute.

Appliqué au doute dont nous parlons ici, le renforcement à long terme de la foi agit comme antidote à une tendance tout humaine à l'idolâtrie. Car par essence, le péché finit par contaminer la conception que nous avons de Dieu comme du péché lui-même. L'affirmation autonome de soi conduit à l'affirmation d'un point de vue exclusif sur la réalité. Par le péché, nous réduisons Dieu à une image humaine, nous le fabriquons à notre mesure et nous le remplaçons par une représentation de qui il est. Lorsque nous procédons ainsi, nous inversons les rôles, et au lieu que ce soit Dieu qui soit au-dessus et qui nous juge par sa Parole, c'est nous qui nous mettons au-dessus de Dieu, qui justifions nos actions à l'aide de nos concepts humains.

Être disciple implique de «laisser Dieu être Dieu». Toutefois, si nous nous contentons d'une image restreinte de Dieu, nous poussons Dieu hors du tableau, et nous optons pour une grâce à bon marché et une foi factice. C'est ce type de foi qui conduit l'individu respectable à l'idolâtrie : et nous aimons les idoles que nous avons fabriquées. La vérité de Dieu est bien moins confortable, et être exposé à ses exigences est un défi. Pourtant, la joie qui découle de la connaissance de Dieu est aussi incommensurable que libératrice.

Quelle image de Dieu vos croyances révèlent-elles? Une image claire et distincte ou au contraire trouble et floue? Une image incomplète, bricolée de toutes pièces, qui laisse planer l'incertitude ou au contraire une image complète, correspondant à ce que Dieu a révélé de lui-même? Si nous nous contentons de moins, nous nous exposons au doute. C. S. Lewis l'a formulé ainsi dans ce qu'il considérait être l'introduction à toute prière : «Que ce soit le moi véritable qui prie; que ce soit le Toi véritable à qui je m'adresse[17]. »

---

17. C. S. Lewis, *Lettres à Malcolm, op. cit.*, p. 128.

CHAPITRE 5

DE BON CHOIX POUR DE MAUVAISES RAISONS

LE DOUTE PROVENANT DE FONDATIONS TROP FRAGILES

Je me souviens d'un étudiant qui avait atterri chez nous lors de son voyage à travers l'Europe. Très vite, il s'était mis à partager son enthousiasme pour sa découverte toute fraîche de la foi chrétienne. Au bout d'un moment, j'ai commencé à ressentir un certain malaise : malgré son enthousiasme, une sorte de suspicion se faisait jour en moi, qui me faisait dire que sa foi ne reposait pas sur grand-chose. Je lui ai alors demandé pourquoi et comment il s'était converti, et comment il comptait répondre à certaines questions qui ne manqueraient pas d'être soulevées lors de ses cours à l'université française à laquelle il s'était inscrit.

Finalement, après bien des hésitations, j'ai fini par le mettre en garde quant au manque de fondements de sa foi en lui disant qu'à moins que son enthousiasme ne soit contrebalancé par une bonne compréhension des fondements de la foi, il courait le risque de se faire rattraper par les réalités de la vie – sans parler des défis de la vie universitaire. Il m'avait écouté poliment sans vraiment mesurer les enjeux de ce dont je parlais, mais nous nous étions quittés en bons termes. Quelques mois plus tard, je reçus une lettre brève et précise : l'unique raison pour laquelle il m'écrivait était que je l'avais mis en garde, mais il tenait à me dire qu'il ne croyait plus en Dieu, et ne pouvait plus se considérer comme chrétien.

Nous avons là un exemple du troisième type de doute, l'un des plus communs à notre époque, au point que pour un étudiant comme celui dont je viens d'évoquer le souvenir, on compte d'innombrables croyants potentiellement à risque, et qui ne doivent qu'à leur style de vie confortable le fait de ne pas tomber dans le rejet de la foi.

LA QUESTION CRUCIALE DE LA VÉRITÉ

Le troisième type de doute émane d'un manque de compréhension des raisons pour lesquelles la foi chrétienne est vraie. L'importance des enjeux à ce niveau de compréhension ne saurait être sous-estimée, surtout de nos jours : les chrétiens devraient non seulement savoir en quoi ils croient, mais aussi pourquoi ils croient. Non seulement ils doivent pouvoir témoigner de ce qu'ils croient, mais également énoncer les raisons qui fondent leurs convictions.

Ce troisième niveau de compréhension a trait aux fondements rationnels de la foi. Une fois que l'on s'est confronté au dilemme crucial de la vie avec ou sans Dieu (premier niveau), et que l'on a réalisé que la révélation de Dieu constitue une réponse sensée à ce dilemme (deuxième niveau), la question suivante porte sur les fondements de cette révélation : comment puis-je savoir que la révélation divine est *vraie* ?

Si au cours de notre quête nous ne trouvons pas de réponse à cette question, ou si nous cherchons à éviter la question, nous aurons beau être passés par une conversion, nous serons toujours à la merci du doute voulant que la foi ne serait qu'illusoire. Nous ne serons jamais sûrs que la foi n'est pas une forme de vœu pieux, que la croyance en Dieu n'est pas simplement une béquille qui comble un besoin de sécurité.

Ce type de doute n'est pas nouveau, mais il revient en force dans un contexte intellectuel où le relativisme constitue un terreau fertile : un tel doute peut être excessivement néfaste, et il doit être contré par une réaffirmation claire de la portée de la vérité de la foi chrétienne.

La foi chrétienne n'est pas vraie parce qu'elle remplit son rôle : elle remplit son rôle parce qu'elle est vraie. Il n'y a pas de question plus fondamentale que celle de la vérité, autant pour celui qui est en quête que pour le croyant. La spécificité et la fiabilité de la foi chrétienne reposent sur son affirmation de la vérité : Dieu s'est révélé en la personne de son Fils, mort et ressuscité, et il s'adresse à l'homme au moyen des textes bibliques. Ces affirmations sont vraies ou fausses, il n'y a pas d'alternative.

Cette insistance répétée de la foi chrétienne sur la vérité de ses affirmations est l'un des thèmes qui la distinguent de l'ensemble des autres croyances à la fois relativistes, personnelles et subjectives. Comme le disait un jeune chrétien qui venait de prendre conscience des implications gigantesques de cette revendication : « Je savais que la foi chrétienne était vraie, mais *à ce point vraie*, je ne me l'étais pas imaginé. »

Plus les prétentions à la vérité sont audacieuses, plus elles devront être étayées. Bien sûr, la vérité de la foi chrétienne ne tient pas à l'audace de ses affirmations (auquel cas le plus audacieux l'emporterait) : si le christianisme prétend à la vérité, il doit être prêt à mettre cartes sur table et ouvrir le débat sur les preuves. Et dans ce domaine, les chrétiens sont plus qu'impatients d'engager le débat. Toutefois, nous ne nous intéresserons pas ici aux manières de justifier la foi chrétienne puisqu'un tel exposé dépasserait le cadre de notre travail[1]. Ce qui importe à ce stade, c'est l'enjeu que représente la vérité dans le cadre du combat autour de la foi et du doute.

Une chose en tout cas devrait être claire : l'appel à la simplicité dans la foi ne devrait pas être interprété comme un encouragement à une foi simpliste. La foi chrétienne nous invite au contraire à examiner ses fondements. Une version moderne de la foi qui tomberait dans une crédulité facile n'a pas grand-chose à voir avec la conception solide et biblique de la foi, qui allie compréhension et engagement.

Tolstoï (reprenant Coleridge) nous avait mis en garde, contre le danger qui consiste à « aimer le christianisme plus que la vérité[2] ». Peter Berger reprend l'idée en l'explicitant : les arguments en faveur de la foi qui reposent sur d'autres critères que la vérité rendent un mauvais service à la foi. « Quelque affirmation religieuse que nous prenions, nous nous confrontons d'emblée à la question cruciale de la vérité, "Dieu existe-t-il, oui ou non ?" L'affirmation est-elle vraie ou non ? Tout critère autre que la vérité n'est pas digne de la question[3]. »

Or, avant toutes choses, Dieu est la vérité. Aussi, celui qui prend la question de la vérité à la légère ne peut prétendre aimer Dieu ou Christ. Et trop de chrétiens aujourd'hui prennent cette question de la vérité tellement à la légère que cela en devient indécent. Par contraste, la passion d'Augustin pour Dieu n'était rien moins qu'une passion pour la vérité. Il la comparait à un appétit dévorant qu'il attribuait aux prières de sa mère : « Car c'est par

---

1.   Ceux qui souhaitent poursuivre la réflexion autour de la question des preuves pourront se référer à l'ouvrage de F. F. Bruce, *Les documents du Nouveau Testament, peut-on s'y fier ?* (Trois-Rivières, Éditions Impact, 2008), à celui de Michael Green, *Le monde de l'évasion* (Genève, PBU, 1977), ou encore à notre propre ouvrage *The Dust of Death* (IVP, 1979), dans lequel nous abordons, au chapitre 9, les questions de la vérification et des preuves.

2.   George Steiner, *Tolstoï ou Dostoïevski*, Paris, Éditions du Seuil, 1963, p. 253.

3.   Peter L. Berger, *The Precarious Vision*, New York, Doubleday, 1961, p. 158 (traduction libre).

vos prières, j'en suis convaincu et je me le persuade de plus en plus chaque jour, que Dieu m'a donné cette pensée de ne rien préférer à la découverte de la vérité, de ne rien désirer, de ne rien penser, de ne rien aimer autre chose que la vérité[4]. »

La vérité se réduit-elle pour autant à un catalogue de faits objectifs, conformes aux règles de la logique? Loin de là. La passion pour la vérité est une passion pour Dieu. Et c'est pour cela qu'il en va de notre responsabilité de comprendre et de formuler ce que nous croyons et pourquoi nous croyons. Pour reprendre les paroles de l'apôtre Pierre : « [...] si l'on vous demande de justifier votre espérance, soyez toujours prêts à la défendre, avec humilité et respect[5]... » Si quelqu'un prétend croire, mais s'avère en fait incapable de formuler ce en quoi il croit et pourquoi, on peut légitimement se demander si sa croyance a une quelconque validité. À moins que notre foi inclue ce niveau de compréhension, nous nous leurrons nous-mêmes.

DES RAISONS DE CROIRE

Il nous faut ici préciser deux points. Je ne suis pas en train de dire que quelqu'un qui ne comprend pas la foi n'a pas la foi. Beaucoup de personnes deviennent disciples de Jésus-Christ pour toutes sortes de raisons qui n'ont rien à voir avec les raisons pour lesquelles la foi chrétienne est vraie. Indéniablement, leur foi est authentique, mais elle se développe au détriment d'une compréhension des fondements. C'est peut-être moins grave que l'erreur inverse où la compréhension intellectuelle se fait au détriment de la foi, mais l'idéal est une position équilibrée qui allie les deux.

---

4.   Augustin, *Traité de la vie heureuse*, livre II, chap. XX, Éditions Vives, tome II, p. 662-663. Cité par Peter Brown, *Augustine of Hippo*, *op. cit.*, p. 110.
5.   1 Pierre 3.15.

Nous pouvons devenir chrétiens pour toutes sortes de raisons. Cependant, si la foi chrétienne est vraie, il est essentiel que nous réfléchissions à notre foi par la suite pour comprendre pourquoi nous croyons – du moins à la hauteur des exigences que nous avons dans d'autres domaines de notre vie. Nous devrions savoir pourquoi nous croyons.

Le second point à préciser est que même si nous pouvons rendre compte des raisons qui nous ont amenés à croire, il ne faudrait pas en déduire que ce sera le cas pour tous les aspects de la foi. La foi chrétienne a une part de rationalité qui tient aux fondements solides sur lesquels elle repose. Cela ne signifie pas que tous les domaines de la foi relèvent de la raison. Nous devrons savoir discerner la frontière entre foi et rationalité. Beaucoup de gens se méprennent sur la dimension rationnelle de la foi : ils s'imaginent que leur croyance en Dieu repose sur le caractère rationnel de la foi – ce qui n'est pas faux. Ils s'attendent ensuite à ce que chaque aspect de la foi relève du même niveau de rationalité – ce qui n'est pas vrai. De sorte que lorsqu'ils butent sur le premier mystère qui échappe à leur compréhension, ils en concluent que la foi n'est pas rationnelle en fin de compte. Ils pensent que Dieu les a laissés croire que la foi était rationnelle, et qu'il les a trompés en s'enveloppant indûment de mystère.

Ce qu'ils oublient, c'est que la rationalité s'oppose à l'absurde, pas au mystère. La rationalité de la foi va de pair avec le mystère de la foi. Ce n'est pas que Dieu nous ait attirés pour mieux nous piéger. Loin de là. En fait, le plus grand mystère de la foi, l'Incarnation, est en même temps l'origine et le centre de notre foi en Dieu : nous ne pouvons pas l'expliquer, et c'est là le début du mystère de la foi. Toutefois, parce que les preuves sont irréfutables, nous devons l'expliquer, et c'est là le début de la rationalité de la foi.

Ainsi, il y aura des moments (comme nous le verrons dans le chapitre consacré à la souffrance) où nous devons tenir ensemble la rationalité et le mystère de la foi. Toutefois, si les raisons que nous avons de croire sont suffisamment solides, nous éviterons de tomber dans le non-sens et l'absurdité.

Répétons-le, la rationalité est une alternative à l'absurde, mais elle n'est pas incompatible avec le mystère. Le mystère ne s'oppose pas à la raison, il est au-delà de la raison humaine. Ce qui est mystère pour nous ne l'est pas pour Dieu. La raison a lieu de s'exercer là où Dieu a parlé ; là où il s'est tu, règne le mystère et nous devons suspendre notre jugement, faute d'information suffisante.

DE BONNES RAISONS DE DOUTER

Ce troisième type de doute s'en prend aux fondations de la foi : l'édifice de la foi peut être solide, mais si ses fondations sont chancelantes, tout risque de s'écrouler. Ceux qui se trouvent en proie à ce genre de doute croient en toute bonne foi, mais leur foi repose sur un sol instable. Le contenu de la foi est correct, mais les fondements sont fragiles ou absents. La suite est logique : dès que ces croyants font face à une question embarrassante ou au mépris, tout ce en quoi ils ont cru et qui leur paraissait inébranlable s'effondre, ne laissant intacts que quelques pans de l'édifice de la foi.

La cause est entendue : si la foi n'a pas de fondements suffisamment solides, le croyant ne pourra jamais être certain de ses convictions. Pourquoi croire ? Pourquoi ne pas croire ? Et si les raisons de croire ne sont pas suffisantes, celles de douter, elles, pourraient bien l'être. C'est là que le bât blesse : lorsque les fondements sont mis à nu et révèlent leurs failles, le doute s'installe, auréolé de ses titres académiques ronflants et comportant de redoutables écueils. Lorsque les raisons de croire sont insuffisantes, la raison cède le pas au doute.

Winston Churchill en est un bon exemple : lors de son séjour en Inde en 1896, le jeune Churchill a du temps à tuer. Il fait donc venir des livres d'Angleterre, et alors que tout le monde fait la sieste au cœur de longs après-midis caniculaires, il dévore tout ce qui lui tombe sous la main : Platon, Aristote, Macauley, Gibbon, Darwin, etc. Un ouvrage de William Edward Lecky intitulé *History of the Rise and Influence of Rationalism in Europe* (Histoire de la montée et de l'influence du rationalisme en Europe) le déconcerte particulièrement. Il a le sentiment d'avoir été trompé par les prêtres qui l'ont influencé dans sa jeunesse, et il passe par « une phase antireligieuse militante et agressive qui, si elle s'était prolongée, aurait pu faire de lui une véritable plaie[6] ».

Heureusement, l'histoire ne s'arrête pas là, et Churchill est revenu plus tard à la foi, bien que les raisons de ce retour aient été, à l'époque, tout sauf rationnelles : ce revirement trouve en effet sa source dans un besoin de protection qu'il a cherché, et trouvé, sous le feu ennemi. « J'ai alors décidé d'agir en conformité avec mes sentiments. Je ne me souciais pas de la contradiction entre raison et croyance[7]. »

Certains ont décrit Churchill comme « pensant avec son cœur » et d'autres comme « ressentant avec sa raison ». Cependant, pour la plupart d'entre nous, ce genre de position est difficile à tenir, surtout quand la foi chrétienne présente des lacunes sur le plan de la vérité. Ce genre de doute est d'autant plus répandu de nos jours que la foi chrétienne est parfois dissociée de la vérité. Dans les discussions en matière de foi, la vérité n'est même plus un enjeu. Plusieurs chrétiens n'ont plus rien à offrir pour faire barrage à l'incrédulité. Ce refus de saisir l'importance cruciale de la vérité constitue le talon d'Achille de beaucoup de chrétiens. Ainsi, ce qui semble prodigieux n'est pas tant que certains chrétiens se détournent de la

---

6.   Violet Bonham Carter, *Winston Churchill: An Intimate Portrait*, New York, Harcourt Brace, 1965, p. 19 (traduction libre).
7.   *Ibid.*, p. 20 (traduction libre).

foi après avoir cru si longtemps, mais qu'autant gardent la foi aussi longtemps, malgré le peu de cas qu'ils font de la vérité.

Il est triste d'entendre qu'autant de croyants avouent avoir perdu la foi. D'après mon expérience, ce n'est pas que leur foi ne soit pas conforme ou que leur expérience de la foi ne soit pas authentique. Ce qui leur manque, c'est de comprendre pourquoi leur foi est vraie. Sans fondements ni structure, leur foi enfantine s'est trouvée prise au dépourvu devant des questions de niveau académique. Assaillis de questions auxquelles ils ne parvenaient pas à répondre, ces chrétiens ont résolu le problème en « s'affranchissant » d'une forme de foi trop contraignante pour eux.

Pour beaucoup de chrétiens, le monde de la foi est suspendu à mi-chemin, entre une ignorance qui n'est plus de mise et un savoir encore incomplet. Il y a ceux qui, en marge de l'Église, ne croient pas vraiment, mais ne savent pas pourquoi ils ne croient pas, et il y a ceux qui, au sein de l'Église, ne sont pas vraiment incrédules, mais qui ne savent absolument pas pourquoi ils croient. Chacune des positions trouve sa zone de confort, mais dès qu'elle est mise à l'épreuve, elle se révèle difficilement tenable. Lévine, le héros de Tolstoï dans *Anna Karénine*, est un bon exemple de la première position :

> Semblable à la plupart de ses contemporains, il se sentait aussi en effet incapable de croire que de nier. Cette confusion de sentiments lui causa, pendant tout le temps qu'il dut consacrer à ses dévotions, une gêne et une honte extrême : la voix de la conscience lui criait qu'agir sans comprendre c'était commettre une mauvaise action[8]... »

---

8.   Léon Tolstoï, *Anna Karénine*, Paris, Gallimard, Bibliothèque de la Pléiade, 1951, p. 481.

À l'inverse, beaucoup de chrétiens illustrent la seconde position. Dans un cas comme dans l'autre, le manque de compréhension est inhérent au manque d'authenticité caractéristique du doute des uns comme de la foi des autres.

L'examen des fondements de la foi est un impératif. Pourquoi croyons-nous que Dieu existe? Pourquoi croyons-nous qu'il est bon? Comment savons-nous que Jésus a existé? Comment savons-nous qu'il est ressuscité d'entre les morts? Pourquoi croyons-nous à l'autorité de la Bible? Quel sens donnons-nous à la vérité de la foi chrétienne? Quelles réponses donnerions-nous à un philosophe contemporain, un psychanalyste ou un disciple d'un gourou indien qui chacun à leur manière contestent la vérité de la foi chrétienne? Des réponses définitives à de telles questions ne remplacent pas la foi, mais sans réponse convaincante, la foi ne résistera pas à l'épreuve du doute.

Certes, les enjeux ne sont pas les mêmes selon les lieux et les époques. L'historicité de Jésus n'est guère contestée en Occident, sauf dans certains cercles où prévalent des préjugés idéologiques. À différents stades de maturité correspondent différents niveaux de compréhension. Il est triste de voir des croyants d'âge mûr déserter leur passé intellectuel : les défis auxquels la foi doit faire face reviennent continuellement à la surface et exigent des réponses. À l'heure des questions et des défis auxquels nous devons faire face aujourd'hui, savons-nous pourquoi nous croyons? Sommes-nous capables d'appliquer la foi à notre vie quotidienne sans nous soustraire aux questions gênantes?

LA TENTATION DE L'IRRATIONNEL

Cette question de la certitude est un élément central de la foi biblique, inhérent au témoignage des croyants tout au long de l'histoire, du moins jusqu'à l'orée du XXᵉ siècle. La foi contemporaine souffre d'un déficit sévère de compréhension qui explique pourquoi ce type de doute est si répandu aujourd'hui.

La place donnée à l'irrationnel au sein de la foi en est un exemple. Que l'on prenne un sermon contemporain ou la prédication d'un évangéliste du XIXe siècle, tous deux feront l'apologie de l'importance de la foi, mais négligeront, chacun à sa manière, la question des fondements de la foi. Pour certains même, la valeur de la foi est proportionnelle à la part d'irrationnel qui la fonde. Que cela se manifeste par la revendication d'une « incertitude radicale » qui serait la marque d'une foi authentique, ou par l'appel réitéré à un « saut dans l'inconnu par la foi », les modèles qui nous sont proposés se présentent comme de magnifiques édifices dépourvus de fondements.

Cette forme de foi s'appuie sur un arsenal exégétique qui met en avant alternativement le sacrifice d'Isaac (pour ce qui est du saut dans l'inconnu), ou l'exemple de Thomas, le disciple sceptique présenté dans l'Évangile selon Jean (pour ce qui est de l'incertitude). Le meilleur moyen de clarifier le débat sera de revenir aux textes mêmes.

L'histoire d'Abraham est souvent présentée comme l'exemple même de l'irrationalité de la foi. Sa confiance en Dieu malgré les évidences était telle qu'à cause de sa foi, il a été déclaré juste[9]. Cependant, il serait faux de croire qu'Abraham a été cité en exemple parce qu'il aurait cru sans raison. Certes, alors qu'il se mettait en chemin pour sacrifier son fils comme Dieu le lui avait ordonné[10], il avançait à l'aveugle, tout comme lorsqu'il avait quitté le pays d'Our pour un pays qu'il n'avait jamais vu. Ce qui ne signifie pas que sa foi fût aveugle : au contraire, parce qu'il connaissait Dieu, il savait qu'il pouvait lui faire aveuglément confiance.

---

9.   Genèse 15.6.
10.   Genèse 22.2.

Plus précisément, c'est parce qu'il connaissait Dieu qu'il savait qu'il pouvait lui faire confiance même quand tout semblait incompréhensible. Alors qu'il avançait aux côtés d'Isaac, sa foi allait à l'encontre de ses sens, mais pas à l'encontre de sa raison. Dans le contexte immédiat de la situation, Abraham ne savait pas pourquoi il devait vivre une telle expérience, mais dans le contexte plus large de sa vie, il savait pourquoi il avait foi en Dieu qui lui, connaissait le pourquoi de l'épreuve. Sa foi était une réponse au mystère, mais non à l'absurde.

Il est intéressant de relever que juste après que Dieu ait porté la foi d'Abraham à son crédit[11], ce dernier s'exclame : « Comment aurai-je la certitude[12]… ? », à quoi Dieu répond, sans l'ombre d'un reproche, par un serment : « Sache bien que tes descendants vivront en étrangers dans un pays qui ne leur appartiendra pas[13]… » La foi d'Abraham dépassait de loin la portée de ce qu'il pouvait comprendre, mais ce ne serait pas lui rendre justice que de négliger la part de compréhension qui l'a rendu capable d'obéir par la foi.

L'épisode impliquant Thomas est un autre exemple d'un passage souvent mal interprété : « Parce que tu m'as vu, tu crois ! […] Heureux ceux qui croient sans avoir vu[14]. » Certes, Thomas s'est fait réprimander, mais la question est de savoir pourquoi : pas parce qu'il refusait de croire sans raison suffisante, mais parce qu'il refusait de croire malgré des raisons plus que suffisantes. Pendant trois ans, il avait côtoyé Jésus et suivi ses enseignements, il avait entendu qu'il devait souffrir, mourir et ressusciter d'entre les morts. Ainsi son manque de foi n'était pas dû à un manque de preuves, mais à un refus de franchir le pas malgré l'abondance de preuves irréfutables.

---

11.   Voir Romains 4.3 et 4.9.
12.   Genèse 15.8.
13.   Genèse 15.13.
14.   Jean 20.29.

Pour Thomas, l'exigence de preuves supplémentaires était doublement superflue : il avait été témoin des paroles de Christ, il avait entendu les récits des autres disciples, et malgré tout il refusait de croire. Ceux qui à la lumière de cet épisode plaident pour un « saut dans l'inconnu par la foi » ne tiennent pas compte du fait que Jésus l'a invité à s'approcher pour toucher et voir. C'était inutile, mais si c'est ce qu'il fallait pour que Thomas en arrive à croire, la possibilité lui était offerte. Heureusement pour la réputation de Thomas, la surabondance de grâce ainsi que les témoignages ont rendu inutile le besoin de preuves supplémentaires.

LA FOI, L'EXPÉRIENCE ET LA RAISON

La vision biblique de la notion de connaissance comporte de multiples facettes. Certes, la connaissance ne se limite pas à la raison, mais elle ne l'exclut pas non plus. Dans la perspective biblique, ce qu'on peut connaître est vérifiable, étayé et confirmé.

L'Évangile selon Jean rapporte l'épisode de l'officier qui retourne chez lui pour trouver son fils guéri : « Le père constata que c'était l'heure même où Jésus lui avait dit : "Ton fils vit." Dès lors il crut, lui et toute sa maison[15]. » L'officier crut en Jésus, et les raisons de sa foi reposaient sur la correspondance exacte qu'il avait observée entre ce que Jésus lui avait dit et ce qui s'était produit.

L'apôtre Luc va dans le même sens lorsqu'il relate la réaction des Juifs de Bérée qui « accueillirent la Parole de Dieu avec beaucoup d'empressement ; ceux-ci examinaient chaque jour les Écritures, pour voir si ce qu'on leur disait était juste. Beaucoup d'entre eux crurent[16]. » L'idée est présentée de façon indiscutable par Jean à la fin de son Évangile, lorsqu'il évoque le ministère de Jésus : « Jésus a accompli sous les yeux de ses disciples encore

---

15. Jean 4.53.
16. Actes 17.11,12.

beaucoup d'autres signes miraculeux qui n'ont pas été rapportés dans ce livre. Mais ce qui s'y trouve a été écrit pour que vous croyiez que Jésus est le Messie, le Fils de Dieu, et qu'en croyant, vous possédiez la vie en son nom[17]. »

La force des témoignages est claire. La foi est un acte qui implique toute la personne, et pas seulement sa raison. C'est précisément parce qu'elle implique toute la personne qu'elle inclut la raison. Au fur et à mesure que nous avançons sur le chemin de la foi, nous serons conduits dans des domaines qui « dépassent la raison », au sens de ce qui va *au-delà* de ce que la raison humaine peut discerner – pas au sens de ce qui va *à l'encontre* de la raison. Ainsi, les chrétiens qui s'enorgueillissent d'une foi irrationnelle s'exposent à des attaques qui minent les fondements mêmes de la foi. S'il y a une leçon à en tirer, c'est que ce genre de situation est prévisible et évitable.

Le second domaine où se manifeste le déficit de compréhension dont nous sommes témoins aujourd'hui est la place exagérée donnée à l'expérience aux dépens de la réflexion. Beaucoup de chrétiens ont peur du rationalisme et se méfient d'une foi qui serait purement intellectuelle. Ils oublient ce faisant que si la connaissance sans l'expérience est un produit du rationalisme, il en va de même au fond pour l'expérience sans la connaissance : ils rejettent l'une pour mieux adopter l'autre, alors que la première attitude n'est que l'exact inverse de l'autre. En fait, toutes deux commettent l'erreur de puiser leur source dans une forme de rationalisme qui met la foi véritable en danger. Se tourner vers la foi sur la base de l'expérience seule est folie, mais pas autant que rejeter la foi par manque d'expérience.

La conception biblique des rapports entre la compréhension et l'expérience est très différente. La connaissance et l'expérience ne

---

17. Jean 20.30,31.

sont pas opposées, mais plutôt reliées dans un étroit rapport spirituel. L'expérience ne se génère pas d'elle-même, de même qu'elle ne peut se justifier d'elle-même ou se suffire à elle-même. La qualité de notre expérience chrétienne repose plutôt sur la qualité de notre foi, tout comme la qualité de notre foi dépend de la qualité de notre compréhension de la vérité.

Une compréhension authentique de ces questions engendre une foi authentique, qui elle-même génère une expérience authentique. Sans une foi authentique, l'expérience peut aisément se confondre avec de l'émotionalisme. Et sans une compréhension adéquate, ce qui passe pour de la foi peut être une contrefaçon émanant d'une confiance purement humaine (tout comme la pensée positive). Aussi, la réflexion fait-elle partie intégrante de la foi, tout comme la foi et la réflexion font partie intégrante de l'expérience.

En résumé, refuser et étouffer inutilement la réflexion sème les graines de doutes futurs. Nous pouvons évincer l'intellect de notre enseignement et de notre pratique, mais nous n'échapperons pas au malaise d'un conflit mal résolu entre la foi et la raison : la raison ainsi réprimée finira toujours par prendre sa revanche.

Si Dieu nous a donné des raisons de croire et ouvert la possibilité d'une compréhension profonde de la foi, ce serait pervertir le dessein de Dieu que d'y renoncer. C'est une chose de constater que notre foi sera toujours plus faible que nous le voudrions, c'en est une autre que de vouloir qu'elle soit plus faible que nous pouvons nous le permettre.

DÉCOUVRIR PAR NOUS-MÊMES

Quel est le remède à ce type de doute ? La première étape est de le diagnostiquer correctement, la seconde de localiser l'origine du manque de compréhension, et enfin de faire face à la réalité de la situation.

Les fondations de notre foi sont-elles si fragiles qu'elles ne supportent pas le poids de l'édifice? Avons-nous négligé des éléments essentiels par négligence ou précipitation? Le nœud du problème est là : avons-nous des raisons suffisantes de croire ce que nous devons croire ou notre foi est-elle construite sur du sable? La seule manière d'appréhender le problème est de le prendre de front, à l'exemple des Béréens qui «examinaient chaque jour les Écritures pour voir si ce qu'on leur disait était juste[18]». Devant le manque de certitudes, la seule solution est d'aller voir ce qu'il en est – de vérifier si ce que nous croyons est bel et bien vrai.

Lorsque les disciples entendirent de la bouche des femmes que Jésus était vivant, ils furent d'abord incrédules : «*[Ils]* trouvèrent leurs propos absurdes et n'y ajoutèrent pas foi[19]». Si le doute fut leur première réaction, ils n'en restèrent pas là : la foi ne peut pas rester en suspens. Luc poursuit son récit : «Pierre, cependant, partit et courut au tombeau. En se penchant, il ne vit que des linges funéraires. Il s'en retourna, très étonné de ce qui s'était passé[20].» On retrouve ici ce besoin propre à la foi d'aller au fond des choses et d'acquérir des certitudes autant que faire se peut.

La foi ne se contente pas d'affirmations en l'air, mais s'appuie sur des faits. Ce qui distingue la foi de l'imagination, c'est que la première s'enracine dans la vérité. Et lorsque la confirmation qu'elle attend tarde à se révéler, la foi sait être patiente, jusqu'à ce que la réalité rende finalement son verdict.

Luc relate l'hésitation des Juifs à accueillir les païens au sein de l'Église primitive : ce qui a finalement fait pencher la balance, c'est la plaidoirie de Pierre qui leur a présenté les arguments de manière irréfutable : «Ce récit les apaisa et ils louèrent Dieu et dirent : Dieu

---

18. Actes 17.11.
19. Luc 24.11.
20. Luc 24.12.

a aussi donné aux non-Juifs de changer pour recevoir la vie[21]. » Le seul moyen de réduire ce genre de doute au silence est le recours à la réalité des faits, l'appel à la vérité et le secours de la raison.

On ne saurait sous-estimer l'importance de l'épreuve des faits dans la quête de certitudes et dans la lutte contre les doutes liés aux fausses représentations de la foi. Chaque époque se fait sa propre représentation du Christ, un Christ passé au filtre des valeurs d'une époque, et coulé dans le moule de ses postulats. Pourtant, il est plutôt ironique de penser que la génération même qui a été si critique des anciennes générations et des images successives qu'elles ont offertes du Jésus historique, ait été si prompte à mettre en avant les siennes.

Notre génération a délaissé les images de pénitence associées à Jésus qui proviennent de l'iconographie du Moyen Âge, tout comme elle s'est détournée des images raffinées du Jésus de l'ère victorienne. Néanmoins, le catalogue des représentations contemporaines de Jésus est digne d'un rayon de supermarché : Jésus le libérateur, Jésus l'âme incarnée, Jésus le révolutionnaire, Jésus l'archétype des pauvres, Jésus le grand prophète et j'en passe.

L'éventail est ahurissant et donne le vertige. Après tout, comment savoir que notre propre image de Jésus est correcte, puisque notre propre foi est également empreinte de nos présupposés ? Peut-être sommes-nous plus myopes que nous le pensons. Peut-être que nos représentations ne valent pas mieux que celles qu'on nous a inculquées à l'école du dimanche. Peut-être que nos croyances actuelles sont riches de sens simplement parce que nous y adhérons aujourd'hui. Or, notre foi d'aujourd'hui résistera-t-elle à l'épreuve du temps ?

Le chemin qui nous emmène dans cette direction est glissant : mais le seul moyen d'y voir plus clair est de l'emprunter pour aller

---

21. Actes 11.18.

jusqu'au bout du doute. Le problème avec la plupart des «Jésus contemporains» n'est pas simplement qu'ils soient faux, mais qu'ils n'ont rien à voir avec le Jésus historique que nous présente la Bible.

Les manuscrits de la mer Morte incitent-ils à douter de l'unicité de Jésus? Le Jésus de Pasolini dans le film «*L'Évangile selon Saint Matthieu*» est-il plus proche de l'original que celui de l'Église primitive? À quoi Jésus faisait-il allusion lorsqu'il disait que «le royaume de Dieu est parmi vous[22]»? Autant de questions qui nous poussent à aller jusqu'au bout pour nous confronter à l'épreuve de la vérité.

Et la vérité est précisément la seule réponse que la foi ait à offrir à ce type de doute : car c'est la vérité des faits qui donne à la foi chrétienne son fondement solide. La foi sans les garanties que seule la vérité peut offrir risque de se réduire à n'être que de simples fantasmes, des châteaux en Espagne : une telle foi pourrait même être tentée de se bercer d'illusions.

Certains chrétiens pensent que la recherche de fondements rationnels à la foi est une insulte à Dieu, comme si nous cherchions désespérément à nous raccrocher aux premiers arguments de fortune qui nous tombaient sous la main. Alors que c'est tout l'inverse. La vérification n'est qu'un aspect de la vérité, mais elle est un contrepoint qui témoigne de l'importance capitale de l'autorité immuable et de la stabilité de la Parole de Dieu. Ce n'est pas faire insulte à Dieu, mais au contraire lui rendre gloire que de prendre sa Parole au mot et de lui redonner son statut d'autorité en matière de vérité.

Les réponses théologiques sont nécessaires et appropriées pour contrer ce genre de doutes, mais elles doivent être claires : si quelqu'un doute de la résurrection, il ne servira à rien de tenter de le rassurer en lui disant que Jésus est tous les jours avec lui – puisqu'une telle promesse repose justement sur la résurrection! De

---

22. Luc 17.21.

même si quelqu'un doute de la résurrection, il lui faudra plus que de simples faits historiques pour en être persuadé. C'est de l'assurance et du témoignage intérieur du Saint-Esprit dont il aura besoin.

Ce troisième type de doute, nous l'avons vu, trouve sa source dans un manque de compréhension des fondements de la foi. Si notre foi n'a pas de bonnes raisons de croire, elle pourrait bien un jour rencontrer de bonnes raisons de ne pas croire – et donc de douter. Aussi, le remède à ce genre de doute consiste à comprendre les raisons éprouvées et suffisantes que Dieu nous a données et par lesquelles nous savons qu'il existe et croyons en sa révélation : nous pouvons être sûrs de son amour et de sa bonté en nous fondant sur ces vérités.

LE RECOURS AUX LIVRES

Deux remarques pour conclure au sujet de cette troisième catégorie de doute. Soulignons d'abord qu'il peut être simple ou complexe. Dans le premier cas, il peut être dissipé par l'apport d'éléments de compréhension manquants. Dans le deuxième cas, quand le doute est complexe, la personne peut très bien comprendre les raisons de son doute, mais refuser les remèdes qui permettraient de le dissiper. (Nous traiterons de cette question au chapitre 9.) Il se peut aussi que la personne en question refuse même de chercher une solution tout en exprimant son besoin de réponse, preuve que le doute n'est qu'un symptôme d'un problème plus profond.

Je pense notamment à ces personnes en proie au doute, mais à la recherche sincère d'une foi rationnelle. Leur attente est palpable, mais au moment de franchir le pas, ils reculent : non parce qu'ils flairent une nouvelle raison de douter, mais par peur d'une nouvelle déconvenue. Ils ont franchi le pas une fois par le passé, mais sans se poser de questions : et ils se sont brûlé les ailes. « Chat échaudé craint l'eau froide », dit-on. Leur doute s'avérait complexe.

Certes, les doutes complexes nécessitent une approche particulièrement délicate, et une réponse trop superficielle peut exacerber le problème et laisser intact le doute profond, qui finira par resurgir. Lorsque le doute est simple, une discussion, un livre ou une explication peuvent parfois suffire à indiquer le chemin vers la vérité qu'ils peuvent explorer d'eux-mêmes.

De toutes les catégories de doute, c'est celle qui répond le mieux à la lecture d'un ouvrage bien choisi, propre à stimuler la réflexion. Aussi, pour beaucoup – et c'est ma deuxième remarque – la réflexion sur les fondements de la foi est étroitement liée à la lecture d'un ouvrage qui les aura marqués à jamais, et qui les aura guidés au cœur de la foi vers la compréhension des fondements qui la sous-tendent.

Avez-vous commencé à constituer une bibliothèque des ouvrages qui vous ont marqué ? Lisez-vous autant d'ouvrages d'auteurs contemporains que d'ouvrages des pionniers de la foi ? Bien sûr, chacun a son cheminement, et chaque sélection reflète notre propre parcours et nos questionnements : ce qui la rend d'autant plus riche et intéressante pour d'autres qui sont en recherche.

Beaucoup des ouvrages qui ornent ma bibliothèque portent encore les traces de ceux qui les ont empruntés, qui les ont cornés et annotés. Comme la foi dont ils témoignent, les meilleurs livres ne sont pas faits pour accumuler la poussière, mais pour faire réfléchir et éclairer le chemin.

CHAPITRE 6

UN CONTRAT NON SIGNÉ

LE DOUTE PROVENANT DU MANQUE D'ENGAGEMENT

Une de mes amies m'a avoué très calmement un jour qu'elle ne se considérait plus comme chrétienne. Elle n'avait aucun contentieux avec la foi chrétienne ou avec l'Église, elle n'avait pas de doute particulier, sauf que les choses de la foi lui semblaient plutôt irréelles. Après un moment de silence, elle finit par hausser les épaules : « En fin de compte, je pense que je ne me suis jamais vraiment engagée. »

Ma réponse a été directe : « Vous êtes-vous déjà engagée dans quoi que ce soit ? »

En l'occurrence, ma réponse ne sortait pas de nulle part : je la connaissais bien et je savais que sa peur de s'engager était un thème récurrent dans sa vie. Raison pour laquelle elle se lassait vite et n'allait jamais au bout des choses. Rien ne semblait lui procurer de bonheur ou la toucher.

C'est l'exemple typique d'un doute émanant d'une faille au quatrième niveau de compréhension, celui qui coïncide avec l'expérience de la conversion. Est-il possible qu'une personne franchisse les trois premiers niveaux et s'arrête au seuil du quatrième ? Est-il possible d'avoir reconnu son besoin de réponses, d'avoir pris la mesure de ce que la foi peut offrir en matière de réponses fondées sur les éléments de preuve suffisants, et malgré tout ne pas franchir le pas ? Si une personne souffre d'un problème d'engagement, la réponse est oui.

Ainsi, le quatrième niveau de compréhension touche à la question de l'engagement. Ceux qui ont été en quête de sens se transforment en croyants lorsqu'ils s'engagent et restent fidèles à leur choix. Ce choix n'est pas un but en soi ou un stade dissocié du reste : il se construit logiquement sur les implications des niveaux précédents. Cet engagement constitue en quelque sorte le ciment qui transforme de simples croyances en convictions solides. Par conviction, nous entendons non pas la notion de « conviction de péché », mais plutôt le fait d'avoir le courage de ses convictions.

Le but de ce chapitre est d'examiner le rôle de l'engagement dans la foi, et donc de comprendre le doute qui découle d'un manque de courage au moment de franchir le pas. La conversion chrétienne est une étape complexe qui peut être appréhendée selon divers points de vue. La tendance contemporaine à réduire la conversion à une formule unique est une atteinte à la liberté souveraine de Dieu et à l'intégrité humaine. Le Christ est le seul chemin vers Dieu, mais il y a autant de chemins vers le Christ que d'individus. La conversion peut être graduelle ou soudaine, spectaculaire ou silencieuse, elle peut être manifeste aux yeux de tous ou passer inaperçue : les possibilités sont infinies.

Néanmoins, un certain nombre d'éléments sont indispensables à la conversion : les ignorer revient à laisser la porte ouverte au doute. L'initiative et la réponse de Dieu sont le don de la foi, du pardon et du Saint-Esprit ; la responsabilité de l'homme est de se repentir et de croire ; et le rôle de l'Église est d'accueillir le nouveau converti au sein de la communauté des croyants par l'acte symbolique et public du baptême.

Chacun de ces éléments est essentiel aux fondements de la foi, même si le rôle de l'Église est plus celui d'attester de la foi. Une faille au niveau de l'un de ces fondements n'annule pas la foi, mais ouvre la porte au doute dès la première épreuve.

UNE SIGNATURE AU BAS D'UN CONTRAT

L'Évangile est une bonne nouvelle en ce qu'elle constitue une alliance, un contrat que Dieu nous offre. Le don de l'Esprit Saint est le sceau de Dieu sur le contrat et l'engagement de notre foi représente notre signature au bas du contrat. Il ne suffit pas de reconnaître notre besoin d'être sauvés (premier niveau), ou de reconnaître la véracité et la fiabilité des termes du contrat (deuxième et troisième niveaux). Ce qui valide le contrat, c'est l'engagement de notre foi. Sans la signature des deux parties, le contrat reste nul et sans effet.

Toute connaissance personnelle implique un degré ou un autre d'implication personnelle vis-à-vis de la vérité. La pensée et la logique seraient réduites à l'absurde si des termes comme *savoir* étaient interchangeables avec d'autres termes tels qu'*imaginer* ou *rêver* ou si nous pensions *faux* en disant *vrai*. La raison pour laquelle *savoir* n'est pas l'équivalent d'*imaginer* ou *rêver*, c'est que le premier implique une acceptation tacite de ce qui est vrai ou considéré comme vrai. Je peux, sans me contredire, affirmer « Je sais », et dans le même souffle affirmer « Mais je suis ouvert à ce que l'on me montre que j'ai tort ». Toutefois, si les mots ont un sens, je ne peux, sans me contredire, affirmer « Je sais » et ajouter ensuite « Mais je suis sûr d'avoir tort ».

Si nous prétendons connaître quelque chose, nous affirmons par le fait même un engagement personnel et responsable vis-à-vis de cette connaissance. Il ne s'agit pas ici d'un savoir qui précéderait un engagement : la connaissance ici est en soi un engagement. La connaissance est une reconnaissance de ce que nous croyons être vrai. Elle est une réponse à quelque chose qui nous dépasse : en ce sens, elle n'est pas simplement subjective. Cette connaissance est aussi *notre* réponse à quelque chose qui nous dépasse, et en ce sens elle ne se réduit pas à sa dimension objective. Personne ne donnerait sa vie pour une question sans réponse, mais personne ne construit sa vie sur des « peut-être ».

Lorsque nous disons « Je sais que c'est vrai », voulons-nous vraiment dire « Je suis convaincu que telle est la vérité » ? Ce qui est valable pour la connaissance personnelle est aussi valable pour la connaissance assumée dans la foi. Par conséquent, il n'y a pas de connaissance personnelle de Dieu sans une conviction personnelle, et l'idée d'une foi saine sans un engagement personnel est une contradiction dans les termes. Comme G. K. Chesterton le disait de H. G. Wells : « Il pensait qu'ouvrir l'esprit était un but en soi. Alors que je suis intimement convaincu qu'ouvrir l'esprit, comme ouvrir la bouche, a pour but de pouvoir se saisir de quelque chose de solide[1]. »

Cela signifie que même si quelque chose est objectivement vrai, si je n'en suis pas personnellement convaincu, alors pour moi subjectivement, c'est comme si elle n'était pas vraie.

C'est là que réside la différence entre la subjectivité dans la foi et la subjectivité dans le doute. Dans le premier cas, elle affirme qu'une chose est nécessairement vraie du moment qu'elle est vraie pour moi, alors que dans le second, elle prétend que si quelque chose n'est pas vrai pour moi, alors ce n'est pas vrai tout court. Aucune des deux notions n'est vraie, mais elles indiquent deux directions opposées, aussi dangereuses l'une que l'autre. La subjectivité dans la foi part de rien pour faire d'une fiction une réalité ; la subjectivité dans le doute, à l'inverse, réduit à néant un fait pour en faire une fiction.

---

1.   Robert Knille, éd., *As I was saying: A Chesterton Reader*, Grand Rapids, Erdmans, 1985, p. 265 (traduction libre).

C'EST AINSI QUE TUENT LES LIONS

Relevons à nouveau que le doute émanant d'un manque d'engagement n'a rien à voir avec la vérité ou la fausseté d'une croyance. Le défaut ne réside pas dans la vérité en tant qu'objet de croyance ; le problème réside dans la personne du croyant qui n'honore pas les obligations liées à la foi. Le problème n'est pas que les croyants en question ne parviennent pas à croire sincèrement en quelque chose ; c'est qu'ils ne parviennent pas à sincèrement croire en quoi que ce soit. S'ils ont l'air de croire, ce n'est que parce que leur manque de conviction est masqué par des échafaudages, comme le soutien d'autres croyants par exemple, de sorte que leurs faiblesses et leurs doutes ne sont jamais mis en lumière.

Sans la saine assurance qui émane de convictions personnelles, le manque d'engagement se révèlera dès les premières mises à l'épreuve, et les premières secousses de l'incertitude se transformeront bientôt en doute. Sans engagement, les avantages de la foi nous sembleront toujours moins grands que ce à quoi nous nous attendions. Sans conviction, les arguments d'autorité se succèdent, de sorte que chaque position est bientôt balayée par la suivante, comme une vague en chasse une autre. Ainsi, nous sommes enclins à douter de l'objet de la foi, alors que nous devrions nous interroger sur notre manière de croire. Les lacunes ne résident pas dans les termes du contrat, mais dans l'absence de signature de la part du croyant.

L'une des portes d'entrée de ce type de doute aujourd'hui est le fameux « saut dans l'inconnu par la foi » qui court-circuite complètement la question de la vérité. Les gens croient ce qu'ils ont envie ou besoin de croire, et cela s'arrête là. Ils n'ont aucune passion pour la vérité et aucune conviction personnelle qui les pousse à la rechercher, ce qui les rend vulnérables au doute. L'origine de leur doute se trouve en eux et non dans leur croyance : ils ont été pesés dans la balance, et on a trouvé qu'ils ne faisaient pas le poids[2].

Notre inclination tout occidentale pour ce saut dans l'inconnu est une forme grave de ce manque d'engagement, mais il en existe aussi de moins graves qui sont tout aussi pernicieuses. Voilà pourquoi il est impératif que nous révisions toutes nos notions de la foi qui la réduisent à une forme amoindrie d'assentiment. Comme un chrétien occidental l'a appris auprès d'un vieux chrétien massaï :

> Le mot massaï que nous utilisions, mon catéchète massaï Paul et moi-même, pour traduire la notion de « foi » n'était pas satisfaisant. Il signifiait « être d'accord ». Moi-même je savais que la traduction n'était pas satisfaisante. Croire dans ce sens-là était comparable à la situation d'un chasseur blanc qui tire de loin sur un animal. Seuls ses yeux et son doigt sur la gâchette participent à l'acte. Il nous fallait trouver un autre terme.

> Il me dit que l'image qui se rapprocherait le plus de la foi au sens véritable serait plutôt celle d'un lion qui chasse sa proie. Tous ses sens sont aux aguets pour sentir sa proie, ses muscles lui donnent la vitesse pour la traquer, toute la force de son corps est mobilisée pour le terrible saut final et le dernier coup de patte qui sera fatal à sa victime. Et alors que l'animal tombe, le lion l'enlace de ses bras (les Africains désignent ainsi les pattes avant d'un animal), et ne fait plus qu'un avec lui. Voilà comment un lion tue. Voilà comment un homme croit. Voilà ce qu'est la foi[3].

Et le vieux sage de conclure :

---

2.   Voir Daniel 5.26.

3.   Vincent Donovan, *Christianity Rediscovered*, Londres, S.C.M., 1982, p. 62 (traduction libre).

Vous nous avez parlé du grand Dieu, comment nous devons le chercher, même au prix de quitter notre terre et notre peuple pour le trouver. Mais ce n'est pas ce que nous avons fait. Nous n'avons pas quitté notre terre. Nous ne l'avons pas cherché. C'est lui qui est venu nous chercher. Il nous a cherchés partout et trouvés. Tout ce temps, nous pensions être le lion, alors qu'en fait le lion, c'est Dieu[4].

RELATIVISME ET PENSÉE DE GROUPE

Deux traits spécifiques du monde d'aujourd'hui rendent cet élément de conviction d'autant plus important. Nous baignons dans un climat où le relativisme a valeur d'axiome, de postulat jamais remis en question. Le relativisme sape les fondements de la conviction et provoque une crise d'autorité. La question «est-ce vrai?» s'est vue remplacée par «est-ce que ça marche?», puis par «quel sentiment cela procure-t-il?» Avec pour conséquence que la vérité s'est vue réduite à une question d'opportunité, la morale à une question de pragmatisme, et la foi personnelle à une question de sentiments personnels.

Il arrive que la perte de conviction aille dans le sens d'un sentiment de malaise, d'un changement de cap et d'obédience, qui débouche sur un sentiment de conviction aussi peu constant qu'une impulsion ou une tendance de la mode. Parfois, cette perte de conviction peut suivre un autre cours : l'engagement n'est pas fondé sur une conviction de la vérité, mais sur un besoin personnel, qui prend le dessus, pour se muer en une forme d'intensité passionnelle, de fanatisme.

Cette combinaison entraine une tolérance dangereuse vis-à-vis de l'erreur et une forme séduisante d'humilité vis-à-vis de la vérité. Si rien ne mérite la conviction de la vérité, tout peut être

---

4. *Ibid.*, p. 63 (traduction libre).

pris au sérieux, ou à la légère, sans que cela ait d'importance. G. K. Chersterton avait déjà sonné l'alarme : « Ce dont nous souffrons aujourd'hui, c'est d'un déplacement vicieux de l'humilité. La modestie a cessé tout rapport avec l'ambition, pour entrer en contact intime avec la conviction, ce qui n'aurait jamais dû être. Un homme peut douter de lui-même, mais non de la vérité, et c'est exactement l'inverse qui s'est produit[5]. »

Le second trait caractéristique de notre époque est une tendance à la pensée de masse qui rend la conviction personnelle plus nécessaire que jamais. Pour de bonnes et de mauvaises raisons, l'accent mis sur l'individu, qui a dominé la pensée occidentale depuis la Renaissance, s'est vu peu à peu remplacé par la prédominance du groupe. Le concept d'individu a cédé le pas à celui plus large de tribu, de race, de parti, de nation, d'État, de progrès, de survie de l'espèce, de processus historique. La notion d'individualité, avec ses mérites et ses défauts, s'est vue taxée d'individualisme. Les avantages de l'unité sur la diversité, du collectivisme (sans considération des relents politiques qui collent à ce terme) sur l'individualisme sont devenus des évidences.

En groupe, les gens sont capables de penser selon des catégories que les représentants d'une époque plus individualiste auraient rejetées. Il suffit pour s'en persuader d'examiner le statut de notions telles que le sentiment d'identité personnelle, le courage d'assumer ses responsabilités, le sens du bien et du mal ou encore la capacité à penser par soi-même : toutes ces valeurs sont tellement érodées que les garde-fous que fournissait la pensée critique sont devenus obsolètes. Plusieurs aujourd'hui sont prêts à avaler n'importe quoi sans réfléchir. Ce qui peut n'avoir apparemment pas d'importance peut aussi relever d'un mensonge dangereux ou d'une propagande fallacieuse.

---

5.   G. K. Chesterton, *Orthodoxie*, Paris, Éditions Rouant & Watelin, 1923, p. 36.

Ce qui menace la foi aujourd'hui relève plus de la naïveté que de la crédibilité. Le problème n'est pas qu'il soit trop difficile de croire, mais au contraire trop facile. Il est devenu difficile de ne pas croire, et les gens passent d'une croyance à l'autre, poussés par le vent des modes et des courants. Et dans le climat actuel de tolérance généralisée, tout est prétexte à croyance ou presque – sauf la foi chrétienne qui exige des convictions personnelles qu'elles soient confrontées à la vérité.

À première vue, fermer les yeux sur la question de la vérité comporte un certain nombre d'avantages – même au sein de l'Église. Beaucoup se tournent vers la foi (ou au contraire, s'en détournent) en fonction des courants psychologiques ou sociologiques à la mode. Ainsi, certains *yuppies*, nés dans les années 1970 reviennent à la foi pour donner des valeurs à leurs enfants. Il y a ceux qui suivent le courant et parviennent à une foi véritable, et il y a aussi ceux qui, ballotés par les flots, repartiront avec la marée. Sans l'ancrage solide des convictions personnelles, ils sont à la merci des courants et des marées, à la merci de nouvelles formes de foi fragiles parce qu'elles manquent de vérité et de conviction personnelle.

LA CONVICTION DU DISCIPLE

La notion de choix est l'une des idées-clés qui sous-tendent l'acte de croire, de même que l'engagement et la responsabilité sont des éléments-clés de «l'obéissance de la foi» inhérente à la vie de disciple. L'obéissance sans la foi conduit au légalisme ; la foi sans l'obéissance conduit à dévaluer la grâce. Pour celui qui se tourne vers la foi, le moment crucial de la conversion conduit à l'engagement : le prix a été évalué, le joug accepté, le contrat signé. La décision est irréversible. Ce n'est pas une foi à l'essai : c'est un pas à franchir, sans retour.

L'engagement responsable inhérent à toute expérience de connaissance personnelle prend tout son sens dans le cadre de la foi chrétienne : ici, l'engagement n'est pas seulement supposé, il est nécessaire. Il ne se réduit pas à un postulat théorique, il fait partie inhérente de l'édifice théologique. La foi est «l'obéissance à la vérité[6]». La vie du disciple est une entreprise qui se construit sur la base d'une compréhension de ce que la foi a vu et que l'obéissance est prête à suivre. Telle est l'obéissance de la foi à laquelle conduit la conviction personnelle.

Autrement dit, la conviction n'est rien si elle n'est pas nôtre. D'autres éléments ont un rôle à jouer pour nous aider à comprendre, mais rien ne remplace la conviction. À moins d'être prêts à lutter avec la vérité, nous n'aurons que des opinions sans convictions. Blaise Pascal déjà nous mettait en garde : «Tant s'en faut que d'avoir ouï dire une chose soit la règle de votre créance, que vous ne devez rien croire sans vous mettre en l'état comme si jamais vous ne l'aviez ouïe. C'est le consentement de vous à vous-même et la voix constante de votre raison, et non des autres, qui vous doit faire croire[7].»

Aucune conviction n'est vraiment nôtre à moins que nous soyons prêts à la soutenir envers et contre tous : Athanase *contre le monde*[8] n'est pas une épitaphe que nous souhaiterions pour nous-mêmes, mais elle est sous-entendue dans la foi.

La notion de conviction est centrale à la foi biblique. «Choisissez aujourd'hui à quels dieux vous voulez rendre un culte», avait dit Josué en s'adressant au peuple d'Israël, ce à quoi il avait ajouté, sans même attendre de réponse : «quant à moi

---

6.   1 Pierre 1.22.
7.   Blaise Pascal, *Pensées*, 249 (Brunschvicg 260 ; Lafuma 505), dans *Œuvres complètes, op. cit.*, p. 1154.
8.   Allusion à l'épitaphe qui figurait, dit-on, sur la tombe d'Athanase, l'un des Pères de l'Église du IVe siècle, qui résista envers et contre tous à l'hérésie arienne qui rejetait la divinité de Jésus.

et à ma famille, nous adorerons l'Éternel[9] ». Shadrak, Méshak et Abed-Nego, les trois Hébreux retenus par Nabuchodonosor n'avaient pour leur part pas cédé à la menace de la fournaise : « Il n'est pas nécessaire de te répondre sur ce point. Si le Dieu que nous servons peut nous délivrer de la fournaise où brûle un feu ardent, ainsi que de tes mains, ô roi, qu'il nous délivre. Mais même s'il ne le fait pas, sache bien, ô roi, que nous n'adorerons pas tes dieux, et que nous ne nous prosternerons pas devant la statue d'or que tu as fait ériger[10]. » Depuis sa prison, l'apôtre Paul pouvait écrire : « C'est aussi la raison de mes souffrances présentes. Mais je n'en ai pas honte, car je sais en qui j'ai mis ma confiance, et j'ai la ferme conviction qu'il est assez puissant pour garder tout ce qu'il m'a confié jusqu'au jour du jugement[11]. »

L'histoire des Pères de l'Église résonne des mêmes accents : Polycarpe, l'un des anciens de l'Église de Smyrne au IIe siècle dut faire face à une foule hostile et refusa de renier sa foi en Christ : « Je l'ai servi pendant quatre-vingt-six ans, et il ne m'a fait aucun tort : comment pourrais-je blasphémer mon Roi et Sauveur[12] ? » Martin Luther, alors qu'il comparaissait devant l'Empereur Charles Quint pour sa défense, clôt sa plaidoirie par ces mots célèbres : « Ma conscience est captive de la Parole de Dieu, je ne peux ni ne veux me rétracter en rien, car il n'est ni sûr, ni honnête d'agir contre sa propre conscience. Me voici donc en ce jour. Je ne puis autrement. Que Dieu me soit en aide. Amen[13]. » Le témoignage de l'histoire est aussi clair qu'émouvant, et ces exemples de conviction ne

---

9.   Josué 24.15.
10. Daniel 3.16-18.
11. 2 Timothée 1.12.
12. Henri Bettenson, Chris Maunder, éd., *Documents on the Christian Church*, Londres, Oxford University Press, 2011, p. 11 (traduction libre).
13. Martin Luther, « Discours de Luther devant la diète de Worms le 18 avril 1521 en présence de l'empereur Charles Quint », dans *Œuvres*, tome 2, Genève, Labor et Fides, 1966, p. 313-316.

représentent qu'un petit échantillon parmi ceux qui jalonnent l'histoire des héros de la foi.

Il n'est pas surprenant que les opposants à la foi s'en soient pris à de telles manifestations de conviction. Ainsi Pline le Jeune pouvait-il écrire à l'empereur Trajan en l'an 112 de notre ère : « Leur opiniâtreté et leur obstination rigide doivent être certainement punies[14]. »

D'autres, comme Alan Watts, ont exprimé, certes à contre-cœur, leur admiration : « Sans vouloir être irrespectueux, il faut avouer que le christianisme est au plus haut point une religion de joueurs : dans aucune autre religion les enjeux sont-ils si hauts, et les moments si décisifs[15]. » L'ancien empereur et le mystique moderne ont perçu la même réalité : un mélange de conviction pour la vérité et d'engagement personnel qui sont la marque de la vie de disciples. Sans un tel engagement, la foi n'est pas réelle.

UN CHEMINEMENT PERSONNEL

Pour en revenir à une note plus personnelle, cette notion d'engagement a été une étape cruciale dans mon cheminement personnel. Je peux le voir rétrospectivement, mais ce n'est qu'une dizaine d'années après ma conversion que je me suis heurté à cette question de ma part de responsabilité dans ma décision de croire, quelle qu'ait été l'influence de ma famille ou de mes amis, ainsi que la manière dont Dieu a œuvré dans ma vie. Cela ne veut pas dire que ma foi en Dieu ne dépendait que de moi, mais que toute ma personne était impliquée dans cet engagement vis-à-vis de Dieu et que cette décision de croire était une décision dont j'étais pleinement responsable.

---

14. Henri Bettenson, Chris Maunder, éd, *op. cit.*, p. 3 (traduction libre).
15. Alan Watts, *Beyond theology*, New York, Meridian books, 1969, p. 20 (traduction libre).

Jusque-là, lorsque je devais faire face à des obstacles ou des doutes, je pouvais toujours me dire que je n'étais pas vraiment responsable – au sens littéral de répondre – de ma foi. De sorte que je pouvais toujours accuser d'autres personnes ou m'en prendre à la situation ou des facteurs extérieurs. Ce refus d'assumer mes responsabilités me permettait de contourner le problème, mais en même temps, j'étais constamment tourmenté par le doute et la suspicion. Je jouissais de ce que m'apportait l'expérience de la foi chrétienne, mais je n'étais jamais parvenu à la sérénité dont d'autres chrétiens semblaient jouir. J'avais franchi le pas, mais une partie de moi regardait de l'extérieur. J'étais à la fois acteur et spectateur, de sorte que je n'étais pas prêt à m'engager complètement dans chaque situation.

J'étais parfois envahi d'un sentiment de vide spirituel : j'en ai pris conscience alors que je voyageais seul pendant plusieurs mois en Asie du Sud-Est. Je ne connaissais pratiquement personne, et la barrière de la langue était un obstacle qui m'empêchait de communiquer librement avec mon entourage. La culture dans laquelle j'étais plongé était fascinante, mais elle m'était étrangère. Peu à peu, ces décalages ont commencé à affecter mon raisonnement et mes décisions et à affaiblir mes défenses, me forçant à faire face à des questions dont je n'avais jamais pris conscience auparavant.

Pourquoi est-ce que je faisais les choses de telle manière plutôt que d'une autre ? Comment savoir que tel ou tel principe était bon alors que personne là-bas n'y adhérait ? Comment en étais-je arrivé à décider de ce qui était « bien » et ce qui était « mal » ? Mes croyances étaient-elles vraiment les miennes, ou étaient-elles le produit de mon environnement culturel, de mon éducation, de mon héritage familial ?

Une fois coupé de toutes ces influences du passé, mes choix étaient devenus simples. Pour la première fois dans ma vie, je pouvais croire ou agir sur la seule base de mes convictions personnelles.

Ma famille et mes amis étaient loin, et mes choix ne les affecteraient en rien. Sur un plan existentiel, ils n'avaient plus aucune influence sur moi à ce moment-là. Si je devais croire ou décider quelque chose, la décision était mienne et je devais la prendre *par moi-même et devant Dieu seul.*

Ce n'est pas que j'étais dans le doute, ou que je reniais mon entrée dans la foi : c'était plutôt que, bien que je me fusse authentiquement converti dix ans auparavant, mon engagement était étroitement lié au confort émotionnel résultant du partage de croyances et de coutumes avec ma famille et mes amis. J'avais trouvé la foi, mais j'étais en même temps « rentré dans le rang », de sorte que ma foi manquait de conviction personnelle.

J'étais convaincu, mais je n'étais pas ancré. D'un côté, j'étais arrivé à la foi pour des raisons plutôt émotionnelles, et je m'étais réfugié derrière ce paravent pour masquer mon manque d'engagement personnel. J'étais convaincu, mais sans être vraiment engagé. Ce n'est qu'après la résolution de cette « crise » qu'une nouvelle réalité s'est ouverte à moi : « Ce Dieu est *mon* Dieu. » Vus de l'extérieur, ce choix déterminant et la nouvelle conviction qu'il amenait ne changeaient rien à ma théologie ni à mes choix ou mes valeurs. Maintenant, mes choix et mes valeurs ne sont pas seulement ceux que j'espère être les bons, ce sont *mes* choix, *mes* croyances, *mes* convictions. Bien sûr, cela représente bien plus que des choix personnels, mais ce sont néanmoins mes choix.

LE CANCER DE L'IRRÉALITÉ

Le type de doute qui émane d'un manque de conviction personnelle n'est pas toujours immédiatement apparent. Il ne se manifeste pas par des cris de douleur ou des gémissements d'angoisse. Il ne présente pas d'aspérités particulières sur le plan intellectuel, et il est souvent théologiquement impeccable. Jamais il ne conteste ouvertement la foi chrétienne, de sorte qu'il est souvent déroutant tellement il passe inaperçu : il se pare d'une sorte de défiance naturelle, et c'est ce qui le rend presque attrayant. Son trait caractéristique est de n'en avoir aucun, mais au fil du temps, il communique un sentiment d'irréalité.

Car c'est bien l'irréalité qui est au cœur de ce type de doute. Ceux qui sont aux prises avec une telle situation font profession de foi vis-à-vis de la vérité, mais ne s'engagent pas sérieusement. Aussi, faute d'engagement, ce doute agit comme un cancer qui coupe la foi de la réalité. Ainsi, pour changer de métaphore, une faible conviction agit sur la foi comme un embrayage usé : la voiture est puissante, le moteur est bien réglé, le conducteur est expérimenté, mais l'embrayage patine. Il en va de même pour la foi : les idées les plus correctes et le cœur le plus ardent peuvent perdre leur pouvoir d'action s'il n'y a pas d'engagement.

Cette déconnexion de la réalité n'est que la première étape du chemin sur lequel nous conduit ce doute. Rapidement, elle mène à une deuxième étape qui se caractérise surtout par la culpabilité. Ceux qui doutent ainsi savent que leurs croyances sont vraies, mais ces croyances leur sont devenues étrangères. Ils développent une forme de culpabilité à être rongés par des doutes dont ils connaissent les réponses, mais qu'ils évitent soigneusement d'afficher pour les garder à l'abri de toute discussion. C'est la période d'incubation du doute, et la secrète culpabilité qui l'enveloppe est des plus propices à son développement. Finalement, le doute éclot sous une nouvelle forme à la troisième étape, et c'est là qu'il se montre sous son vrai jour.

Aussi timide que le manque d'engagement qui le caractérise au départ, le doute déploie maintenant ses effets en refusant d'endosser la responsabilité de la déconnexion de la réalité qu'il a occasionnée, et en rejetant la faute du côté de la croyance. C'est là la porte ouverte à une théologie boiteuse, qui en l'occurrence ne constitue pas la cause du doute, mais qui se déploie comme justification d'un doute qui est déjà à l'œuvre depuis longtemps. Le doute qui à l'origine résultait d'une foi dépourvue d'engagement devient maintenant la justification d'une incrédulité engagée. Par un subtil retournement de situation, celui qui doute masque ainsi son refus d'assumer ses responsabilités. Bien que leur doute soit l'expression d'un manque d'engagement, ceux qui doutent s'en servent comme prétexte pour ne pas s'engager.

UN ÉTAT DE CRISE

Le remède à ce genre de doute commence par une évaluation de son stade de développement, et un examen de ses causes. C'est seulement lorsque les causes de ce manque d'engagement auront été saisies et traitées que la foi pourra reprendre ses droits et les convictions personnelles se renforcer.

Le manque de conviction personnelle peut avoir de nombreuses causes, et certaines sont relativement simples à traiter. Beaucoup de chrétiens par exemple, ayant été élevés dans une famille chrétienne, sont venus à la foi de manière très progressive, de sorte qu'ils n'ont jamais pris conscience du besoin de convictions personnelles. C'est un trait caractéristique de la foi en vigueur dans des pays où l'Église a un statut institutionnel : la foi y est presque congénitale. D'autres se sont tournés vers la foi à un moment précis de leur vie, mais pour des motifs divers, de sorte que leur foi, hybride, n'a jamais été ancrée dans des convictions suffisamment solides.

Pour ces personnes, le remède consiste à mettre en avant les responsabilités que la foi requiert. Souvent, le problème n'est pas qu'une telle prise de responsabilité soit hors de leur portée, mais qu'elle n'a jamais été requise, même si la question reste ouverte quant à leur volonté de les prendre.

Pour d'autres, le problème est plus profond : leur absence de conviction résulte d'une crise d'identité. Pour être en mesure de savoir quoi que ce soit, une personne doit d'abord exister. Si nos convictions personnelles constituent notre signature au bas d'un contrat, ceux qui doutent de qui ils sont n'auront pas de nom à mettre au bas du contrat. Le contrat peut être irréprochable, mais s'il n'est pas validé par une signature, il n'est d'aucune valeur.

Imaginons un millionnaire qui aurait décidé de faire un don à une organisation caritative. Il signe et envoie un chèque généreux au trésorier, mais revient ensuite sur sa décision. Alors même qu'il est en train de téléphoner à sa banque, le trésorier se présente pour le remercier chaleureusement. Le voilà pris sur le fait, embarrassé vis-à-vis de son interlocuteur, et incapable d'en dire plus au téléphone.

Certaines personnes en proie à ce genre de doute souffrent de cette incapacité à s'engager vis-à-vis de quoi que ce soit. Rien ne les terrifie plus que d'avoir à prendre la responsabilité d'un choix : ils font tout pour éviter d'avoir à choisir, et si les circonstances les forcent à choisir, ils remettent à plus tard l'instant décisif jusqu'à ce qu'il soit trop tard. Même lorsqu'ils font le bon choix, ils ne vont pas jusqu'à mettre leur décision à exécution. Ils signent bien le chèque, mais ils l'annulent avant qu'il ait été encaissé, et les voilà paralysés par les dilemmes dans lesquels ils se sont mis : «dans le doute, abstiens-toi», dit le proverbe.

Le remède passe par une remise en question de soi, et pas de Dieu : ce n'est pas que Dieu soit irréel, mais à cause de leur manque d'engagement, tout leur semble irréel. Ce n'est pas que Dieu soit entouré de ténèbres : pour eux, tout est plongé dans les ténèbres. Ce qu'il leur faut, c'est de réapprendre à choisir et à s'engager jusqu'au bout. Alors qu'avec l'aide de Dieu, ils avancent pas à pas sur ce chemin, comme quelqu'un qui réapprend à marcher, la sensation de la réalité reviendra peu à peu dans leur foi et dans leur vie. Certes, les premiers choix seront douloureux, comme des fourmillements dans les jambes quand la circulation revient, au point parfois de regretter l'insensibilité : mais en fin de compte, mieux vaut la douleur que l'immobilité.

L'HEURE DÉCISIVE

Nous avons vu que ce type de doute peut être aggravé par une crise d'identité. Il peut grandir encore et empirer au fur et à mesure que le regard de la société vis-à-vis de la foi chrétienne devient plus critique. Il faut de fortes convictions pour tenir ferme lorsqu'il y a un prix à payer, quand le pouvoir politique est ouvertement hostile ou quand la société ambiante méprise la foi et taxe les croyances de ridicules, malfaisantes ou antipatriotiques. C'est la position dans laquelle beaucoup de chrétiens se trouvent actuellement dans le monde, et il ne serait pas étonnant que bien des chrétiens qui aujourd'hui jouissent de la liberté de croyance et d'expression se trouvent bientôt confrontés à de telles situations. Les plus susceptibles de céder sous la pression sont ceux d'entre eux qui manquent de conviction personnelle. C'est là que se joue la différence entre une foi résistante et une foi de façade.

Il n'est jamais trop tard pour prendre conscience des défis qui nous attendent, mais notre sécurité ne réside pas dans notre pouvoir de prédiction, aussi brillant soit-il. C'est l'erreur de Pierre lors de l'arrestation de Jésus, et la raison pour laquelle sa vantardise s'est si soudainement muée en trahison : il était prêt à mourir pour Jésus, mais pas à témoigner pour lui. Certes, il appartient au Saint-Esprit d'inspirer nos paroles à l'heure décisive. Toutefois, la personne que nous nous révèlerons être au moment décisif ne sera pas déterminée par la façon dont nous imaginons que nous réagirons alors, mais par la façon dont nous vivons et pensons maintenant. Nous ne relèverons les défis de demain que dans la mesure où nous commençons par relever ceux d'aujourd'hui. Un quart d'heure de célébrité est vite passé, mais notre personnalité se construit par petites touches, jour après jour, dans une succession invisible d'actes de foi et d'obéissance.

L'adage «demain comme aujourd'hui» s'applique également à la conviction. Nous devons nous examiner nous-mêmes honnêtement pour voir si nos convictions sont vraiment nôtres, ou si elles ne sont que des opinions partagées ou des croyances qui nous ont été transmises. Ce n'est pas tant que Dieu nous met à l'épreuve pour voir si nous croyons ou non. Dieu ne cherche pas à savoir si nous tiendrons debout ou si nous tomberons. Il le sait déjà. C'est nous qui l'ignorons, et comme Pierre, nous pourrions nous montrer trop sûrs de nous.

C. S. Lewis nous mettait déjà en garde :

> Votre pari ne vaudra pas grand-chose s'il n'y a pas d'enjeu. Et vous ne découvrirez jamais combien il valait tant que les enjeux ne sont pas placés très haut, tant que vous n'aurez pas réalisé que vous ne jouez pas pour des jetons ou des plaques, mais pour chaque pièce que vous possédez. Rien moins que cela pourra amener un homme – ou en tout cas moi – à dépasser son intellectualisme et ses croyances conceptuelles. Il a besoin d'un grand coup sur la tête pour revenir à la réalité. Seule la torture fera sortir la vérité[16].

Lewis écrivait ces lignes après la mort de sa femme, mais ses mots s'appliquent tout autant à des crises moins tragiques auxquelles nous avons tous à faire face.

Comme le troisième ange l'a dit à l'apôtre Jean à propos des crises qui mettent la foi à l'épreuve : «C'est l'heure de la persévérance des saints qui gardent les commandements de Dieu et la foi

---

16. C. S. Lewis, *Apprendre la mort, op. cit.*, p. 63.

en Jésus[17]. » Martin Luther, dont les convictions avaient été mises à l'épreuve et avaient résisté comme les métaux les plus durs, savait bien qu'à l'heure de l'épreuve, chacun doit pouvoir compter sur ses convictions ou se trouver dépouillé : « Gardez à l'esprit que lorsque vous ferez face à la mort ou à la persécution, je ne pourrai pas être avec vous, ou vous avec moi. Chaque homme devra alors se battre par lui-même[18]. » Ses avertissements devraient nous encourager à placer la conviction de la foi au-dessus de tout.

---

17. Apocalypse 14.12 (*TOB*) ; voir aussi 13.9,10.
18. Citation attribuée à Luther.

CHAPITRE 7

LA MORT CLINIQUE

LE DOUTE PROVENANT D'UN MANQUE DE CROISSANCE

Il est parfois si facile de se passionner pour une nouvelle activité que la question de savoir ce qui nous attend une fois passés les premiers pas ne nous traverse même pas l'esprit. Je me souviens avoir fait cette expérience en apprenant à skier dans les Alpes suisses. Comme tant d'autres avant moi, je cherchais avant tout à me relever et à rester debout sur mes skis. Et quand soudain mes skis se mirent à prendre de la vitesse, la question me prit de plein fouet : et maintenant, quoi ? Comment est-ce que je m'arrête ? Dans l'enthousiasme des débuts, nous en oublions parfois que les débuts ne sont pas une fin en soi, mais que si nous commençons, c'est pour aller quelque part ou pour faire quelque chose.

Il en va de même de la vie chrétienne. Il est facile d'oublier que devenir chrétien n'est que le début de l'aventure. Le long voyage commence par le premier pas, mais le premier pas n'est que le début du voyage.

Les quatre premières sortes de doute dérivent d'un manque de compréhension des prémisses de la foi. Elles font toutes partie de l'expérience commune de beaucoup de chrétiens, mais elles ne sont pas inhérentes à la foi dans la mesure où, au sens biblique de la foi, elles ne sont pas indispensables pour nous aider à grandir dans la foi. Et nous pouvons avancer avec confiance dans la vie chrétienne une fois passés ces premiers écueils. Ce sont peut-être les derniers doutes du début de la foi, mais pas la fin des doutes. Il nous faut maintenant examiner les autres variétés de doutes qui peuvent jalonner la vie des chrétiens alors qu'ils continuent sur le chemin de leur nouvelle vie.

Le cinquième doute consiste justement à ne pas avancer, à ne pas grandir, à ne pas faire l'expérience de cette nouvelle vie ni à l'exprimer, à ne pas mettre la vérité en pratique. Tel est le doute que nous examinerons dans ce chapitre, avec de nouveau en tête l'idée de comprendre comment il commence, et comment on peut y remédier. Ce qui se meut, grandit et porte des fruits évoque la vie. Ce qui est inerte et stérile au contraire peut être signe de mort. Cela ne veut pas dire que tout ce qui ne grandit pas ou ne porte pas de fruit est mort, mais qu'il n'est pas possible de savoir si c'est vivant ou mort. Mouvement, croissance et fruit sont des signes certains de la vie.

La vie chrétienne, la vie de Jésus-Christ en nous, nous transforme et porte ses fruits à travers lui, c'est une vie nouvelle. Comme toute vie, cette vie-là n'est rien si elle n'est pas vécue. Ce ne sont pas nos réflexions, nos choix ou nos actes qui nous procurent la vie : ils ne sont que l'expression d'une vie qui existe déjà. Si la vie n'est pas là au préalable, notre foi est stérile, machinale et morte.

C'est là précisément le défi de la foi : si elle n'est pas mise en pratique, comment les autres sauront-ils qu'elle est réelle ? S'il n'y a ni signe de croissance ni fruit, comment saurons-nous qu'elle est vivante ? Si nous sommes incapables de répondre à ces questions, cela ne signifie pas forcément que la vie est absente, mais qu'il est impossible de le savoir pour l'instant. Et c'est la porte ouverte au doute.

Cette manière de présenter les choses peut faire croire que la vie chrétienne serait comparable à une plante qu'il faudrait régulièrement arracher pour voir si elle est toujours vivante. Ce n'est pas bon pour les plantes, et impossible pour la vie chrétienne.

Il nous faudrait trouver une métaphore plus adéquate pour évoquer la croissance et la fertilité comme tests de la vie chrétienne. Ainsi l'on pourrait évoquer l'idée de vision du monde : tout comme une plante croît ou se dessèche, une vision du monde doit se développer et produire des fruits, au risque de se voir remplacer pour cause d'inadéquation ou d'inutilité. Bien sûr, la vie chrétienne ne se réduit pas à une vision du monde, mais le concept est très utile pour comprendre ce type de doute.

NOTRE VISION DU MONDE À L'ÉPREUVE

L'épreuve pour la foi que constitue ce genre de doute n'a pas l'air aussi dramatique que d'autres doutes. Chacun de nous a sa ou ses visions du monde, dont il n'est pas toujours conscient, et c'est bien ainsi. Une philosophie de vie est à la vie de l'esprit ce que la santé est au corps. Un esprit sain n'a pas toujours conscience de sa vision du monde.

Néanmoins, même si nous n'avons pas forcément conscience de la vision du monde qui sous-tend notre philosophie de vie, cela ne veut pas dire qu'elle n'est pas à l'œuvre à notre insu. De manière sous-jacente, derrière nos choix, nos pensées et nos émotions, cette vision du monde est constamment l'objet de remise en question et d'ajustements. La vie est ainsi le lieu où notre vision du monde est mise à l'épreuve, où elle se modèle et s'ajuste, de sorte que seul ce qui trouve une application pratique est conservé.

Les humains sont des chercheurs de sens : nous sommes mus et motivés par un profond désir de sens et d'appartenance. Nous ne pouvons vivre de manière sensée et satisfaisante que si nous parvenons à donner un sens à ce qui nous arrive, de façon à nous sentir en sécurité dans notre environnement. Une bonne partie de ce qu'implique le fait d'être humain est liée à notre besoin de trouver un cadre de référence à partir duquel nous serons en mesure d'interpréter les événements de notre vie et donner sens et cohérence aux faits bruts et aux expériences de la vie. Toutes nos valeurs et perspectives sont entremêlées dans un ensemble de croyances ancrées dans des présupposés de base. Plus profondément ancré encore qu'un système de valeur, nous avons tous au fond de nous un système de dotation de sens : ainsi nos jugements, nos décisions, nos principes et opinions ne sont pas arbitraires ou indépendants les uns des autres, mais sont tous reliés par une logique sous-jacente commune, qui elle-même s'enracine dans une vision du monde et des présupposés de base.

L'utilité d'une vision du monde dépend de sa capacité à donner sens et à ordonner notre expérience quotidienne du monde. Une fois que nous adhérons à une vision du monde et que nous la faisons nôtre, cette dernière se verra confirmée par l'expérience ou invalidée parce qu'impraticable. À ce niveau, soit ce en quoi nous croyons fonctionne, soit cela se résume à une théorie séduisante, mais inutile, et dès lors non pertinente. À ce niveau, la foi n'est pas ce que nous disons croire, mais ce que donnons à voir de notre croyance : elle n'est pas ce que nous disons, mais ce que nous faisons. La foi est la source d'énergie qui nous permet d'avancer.

À ce niveau, le test de la réalité de la foi, c'est la vie. À chaque instant, lors de chaque nouvelle expérience, notre foi est sommée de donner une interprétation des événements. Cette foi est-elle en mesure de réordonner nos nouvelles expériences, leur donner un sens, les gérer, les assimiler ? Ces nouvelles expériences vont-elles saper la foi, se révéler trop difficiles à comprendre et à intégrer ? Si notre foi doit continuer à étayer notre vision du monde, elle doit être capable de relever le défi complètement et adéquatement. De même, les réponses qu'elle apporte doivent être pratiques et non pas seulement abstraites, et si la foi doit être à la hauteur des défis contemporains, les réponses qu'elle apporte doivent être contemporaines et actuelles et non pas caduques et surannées. Soit la foi est à la hauteur du défi, et elle en sort grandie, soit elle recule et trébuche, et elle perd en autorité, s'affaiblit et finit par perdre contact avec la réalité.

À l'heure du défi, le doute nous attend au détour. Si la foi joue son rôle, s'affermit et prend de l'assurance, elle sera en mesure de dominer le débat pour fermer la porte au doute. Toutefois, si elle hésite ou montre des signes de faiblesse, le doute s'engouffrera dans la brèche. Il suffit qu'une expérience de vie place la foi devant ses limites pour que le doute profite de la situation et remette en question l'autorité de la foi. Ce processus n'est pas conscient bien sûr, mais il n'en est pas moins dangereux. Ce doute s'insinue dans une minuscule fissure dans l'édifice de la foi, et il peut prendre du temps pour se manifester, mais s'il n'est pas immédiatement éradiqué, en peu de temps, la fissure deviendra une faille et envahira notre vie consciente.

Nous avons tous une vision du monde, de sorte que cette mise à l'épreuve nous est commune à tous et n'est pas l'apanage des chrétiens. La différence est que la vision du monde des chrétiens agit autant à un niveau conscient qu'inconscient, de sorte que nous sommes plus sensibles à cette perte de contact avec la réalité. Comme celle des adeptes de l'hindouisme ou de l'existentialisme, notre vision du monde n'est pas seulement informelle et implicite, mais peut être explicitée et formalisée.

Si nous nous représentons la croissance en termes de mise en pratique de notre vision du monde, nous verrons assez facilement qu'il n'y a rien de mystérieux à mettre le doute en rapport avec la perte de vitalité et le manque de croissance. Cela n'a rien à voir avec le fait que Dieu serait mécontent, ou qu'il nous abandonnerait ou encore avec un soi-disant déclin spirituel. Le doute surgit parce qu'une vérité qui n'est pas mise en pratique sera bientôt considérée comme inapplicable. Et puisque la mise en pratique est un élément essentiel d'une vision du monde, une vérité inapplicable sera bientôt considérée comme fausse. Ce n'est pas que la foi chrétienne soit vraie simplement parce qu'elle fonctionne, mais si elle n'est pas mise en pratique, l'ombre du doute vient rapidement se projeter sur sa véracité.

UN CHOIX APRÈS L'AUTRE

La clé de la compréhension de ce genre de doute est simple : les gens ne perdent pas tant leur foi qu'ils cessent de la mettre en pratique. Ce doute-là se caractérise par l'immobilité, l'indécision et la dérive. Georges Bernanos le décrit bien par les paroles du jeune prêtre du *Journal d'un curé de campagne* :

> Non, je n'ai pas perdu la foi ! Cette expression de « perdre la foi » comme on perd sa bourse ou un trousseau de clefs m'a toujours paru d'ailleurs un peu niaise. Elle doit appartenir à ce vocabulaire de piété bourgeoise et comme il faut, légué par ces tristes prêtres du XVIIIᵉ siècle, si bavards.

> On ne perd pas la foi, elle cesse d'informer la vie, voilà tout. Et c'est pourquoi les vieux directeurs n'ont pas tort de se montrer sceptiques à l'égard de ces crises intellectuelles, beaucoup plus rares sans doute qu'on ne prétend. Lorsqu'un homme cultivé en est venu peu à peu, et d'une manière insensible, à refouler sa croyance en quelque recoin de son cerveau, où il la retrouve par un effort de réflexion, de mémoire, eût-il encore de la tendresse pour ce qui n'est plus, aurait pu être, on ne saurait donner le nom de foi à un signe abstrait[1].

---

1. Georges Bernanos, *Journal d'un curé de campagne,* Paris, Éditions Castor Astral (coll. Le Livre de Poche 1936), 2008, p. 147.

Ce type de doute est presque poli : c'est presque une manière bienséante de douter, comme si le lent processus de ne plus croire n'était pas un choix. La responsabilité personnelle est écartée, de sorte que la foi est simplement délaissée, avec des regrets sincères et courtois. Le raisonnement, pour fallacieux qu'il soit, revient à ceci : si la foi ne marche pas, elle doit être délaissée.

La question qu'il faudrait se poser serait de savoir si c'est la foi qui ne fonctionne pas ou si c'est simplement qu'elle n'est pas utilisée. Que diriez-vous d'un enfant qui aurait cessé d'apprendre à aller à bicyclette en prétextant qu'il était tombé et s'était blessé parce que la bicyclette était à l'arrêt ? S'il voulait simplement rester assis, immobile, il aurait dû choisir un fauteuil. Il en va de même pour la foi : elle doit être mise en pratique, sinon elle devient inutile.

Charles Darwin nous donne une bonne description de cette érosion de la foi dans son autobiographie : « J'en suis peu à peu arrivé à ne plus croire en la foi chrétienne comme d'une vérité révélée [...] L'incrédulité m'a submergé peu à peu, mais efficacement. Le rythme était si lent que je n'en ai ressenti aucune détresse, et depuis, je n'ai plus jamais douté une seconde que ma conclusion n'était pas correcte[2]. »

C'est ainsi que beaucoup de gens doutent : petit à petit, choix après choix, pensée après pensée. Leur foi n'a pas été réduite en pièces, elle s'est simplement effilochée. Elle n'a pas été dévorée d'un coup, elle s'est écornée. Elle n'a pas été frappée par la foudre, elle a été victime d'une lente érosion. À l'époque de déclin culturel et religieux qui est la nôtre, l'incidence de ce doute est plus répandue que jamais. Comme l'exprimait C. S. Lewis : « En réalité, si l'on considère cent personnes ayant perdu la foi chrétienne, je me demande combien parmi elles le doivent à un argument

---

2. Charles Darwin, *The Autobiography of Charles Darwin, 1869-1892*, Londres, Collins, 1958, p. 86-87 (traduction libre).

raisonnable! La plupart des gens ne partent-ils pas simplement à la dérive[3]?»

Dans une lettre à son ami Arthur Greeves, Lewis admit lui-même qu'il avait été en proie à ce doute :

> Mon problème est un *manque de foi*. Je n'ai aucun motif *rationnel* de revenir sur les arguments qui m'ont convaincu de l'existence de Dieu : mais le poids mort de mes vieilles habitudes sceptiques, l'esprit du temps, les soucis quotidiens me détournent de la joie que j'ai au contact de la vérité, et souvent quand je prie, je me demande si je n'envoie pas des lettres à une adresse qui n'existe pas. Remarquez que ce n'est pas ce que je *pense* – ma raison entière est convaincue – mais c'est souvent ce que je *ressens*[4].

Nous en avons un exemple biblique frappant dans la lettre adressée à l'Église de Sardes en Asie Mineure. Jésus s'adresse à cette Église en ces mots : «Je connais ta conduite : je sais que tu passes pour être vivant, mais tu es mort. Deviens vigilant, raffermis ceux qui restent et qui étaient sur le point de mourir. Car je n'ai pas trouvé ta conduite parfaite devant mon Dieu[5]. » Sous le regard pénétrant de Jésus, la différence entre la vérité et les apparences, entre la réalité et les illusions, n'en devient que trop évidente. Il savait que la paix apparente n'était qu'un sommeil qui se terminerait dans la mort.

Étonnamment, l'état de l'Église de Sardes reflète l'illustre histoire de la ville dans laquelle elle se trouvait. Construite au VIe siècle av. J.-C. par le proverbial Crésus, la citadelle de Sardes

---

3.   C. S. Lewis, *Les fondements du christianisme*, Guebwiller, Ligue pour la Lecture de la Bible, 1985, p. 147.

4.   Walter Hooper, éd., *The letters of C. S. Lewis to Arthur Greeves (24 December 1930)*, Londres, William Collins & Sons, 1979, p. 398-399 (traduction libre).

5.   Apocalypse 3.1,2.

culminait au sommet d'un promontoire réputé imprenable. Par deux fois, la citadelle avait été prise : non pas par une ruse stratégique de l'armée ennemie, mais simplement parce que la garnison était tellement confiante qu'elle avait relâché sa surveillance. Les vigiles avaient baissé leur garde, et avaient été pris par surprise. Sur le plan spirituel, l'Église de Sardes se trouvait dans le même état de confiance excessive et de manque de vigilance. Trop confiants dans leur réputation, ses membres avaient renoncé à mettre leur foi en pratique, et ils étaient en train de glisser vers la mort.

Une foi vivante est une relation, et comme toute relation, elle doit être chérie, nourrie, entretenue et valorisée pour ce qu'elle est. Pensez à une relation d'amitié qui compte pour vous. Est-ce qu'elle est telle qu'à ses débuts ? Ou est-ce qu'à l'image d'un diamant à multiples facettes, elle est plus riche de tous les moments que vous avez partagés ?

Comme un art ou un talent, la foi doit être apprise, mais aussi mise en pratique et entretenue. Tout comme pour un pianiste de concert qui répète son art huit heures par jour, ou un marathonien qui couvre plusieurs dizaines de kilomètres par jour, la foi se renforce lorsqu'elle est mise en pratique, et elle s'atrophie dans le cas contraire. Il n'y a rien de pire que de voir un chrétien de quarante ou cinquante ans vivre sur son capital de foi acquis à vingt ans, surtout si dans tous les autres domaines, il a mûri et grandi. Une telle foi ne vaut guère mieux que des souvenirs.

METTRE LA FOI À L'ÉPREUVE

Quel est l'antidote à ce type de doute ? Simplement mettre la foi au travail : la mettre sur le métier, l'étirer, la mettre à l'épreuve de l'expérience de sorte qu'elle s'approfondisse et croisse. Ce doute n'a pas besoin de réconfort, mais doit au contraire être mis au défi. Comme Luther le disait : « La foi vivante et vraie que le

Saint-Esprit insuffle dans nos vies ne peut simplement pas être oisive[6]. » Ou comme l'écrivait dans son journal George Whitefield, le grand prédicateur du XVIIIe siècle dont la vie fut une torche brûlante dans la main de Dieu : « Je ne me sens jamais aussi bien que lorsque je suis dans l'arène pour Dieu[7]. »

Nous faisons tous face à ce défi : la foi doit être entrainée. Elle doit signifier tout pour aujourd'hui, au risque de ne plus rien signifier demain. Nos expériences passées, nos intuitions, les réponses à nos prières, nos manières de gérer les choses qui étaient légitimes et satisfaisantes hier méritent d'être repensées aujourd'hui. La vérité et l'amour de Dieu se renouvellent chaque jour : mais pouvons-nous en dire autant de notre réponse ? Demain, notre foi et notre amour seront-ils intacts ? La question de Paul aux Corinthiens nous interpelle tous : « Faites donc vous-mêmes votre propre critique, et examinez-vous, pour voir si vous vivez dans la foi[8]. »

Le doute résultant d'un manque d'exercice de la foi est des plus répandus. Nous pourrions mettre en avant plusieurs facteurs pour l'expliquer. La persistance des Églises d'État dans des cultures postchrétiennes, l'alignement des valeurs chrétiennes sur les normes culturelles, le repli sur soi et l'isolement des lieux d'éducation chrétienne, l'accent mis sur la conversion plutôt que sur la foi vécue au jour le jour, la préoccupation pour l'évangélisation au détriment de l'éthique – autant de traits distinctifs de la foi d'aujourd'hui, qui empêchent les croyants d'appliquer et de faire grandir leur foi et qui, par conséquent, favorisent ainsi le doute.

6.   Ewald M. Plass, éd., *What Luther Says, An anthology*, St Louis, Concordia, 1959, p. 489 (traduction libre).
7.   George Whitefield, *Whitefield's Journals*, Londres, Banner of Truth, 1960, p. 136 (traduction libre).
8.   2 Corinthiens 13.5.

L'ENTRAINEMENT DE LA FOI

Comme un athlète d'élite, tout croyant doit rester en forme. Sa foi doit être affûtée et pratiquée, elle ne doit jamais cesser de s'exercer. Certes, elle touchera ses limites, mais elle saura les reconnaître pour mieux les dépasser. Ce que la foi redoute par-dessus tout, c'est que l'épreuve trahisse un manque d'entrainement, révèle que ses muscles se sont ramollis, que sa confiance a été mal placée. Et pour éviter cela, elle doit continuer à s'exercer.

Il n'est pas étonnant que les métaphores auxquelles la Bible recourt pour parler de la foi renvoient au registre de la vitalité, de l'énergie et de l'effort. Le chrétien est ainsi comparé à l'athlète tendu vers la ligne d'arrivée, au boxeur maintenu au sommet de sa forme par son entrainement ou encore au soldat débarrassé de tout bagage inutile[9]. Il n'y a pas de place pour le coureur insuffisamment entrainé, le boxeur ayant un surplus de poids ou le soldat préoccupé par les soucis de la vie civile. La foi va de l'avant ou recule, elle s'entraine ou s'affaiblit.

John Bunyan a décrit les dangers de l'inaction au travers d'un personnage charmant, mais superficiel : le Sieur Beau-Parleur, dont le babil a si bien séduit nos héros Chrétien et Fidèle. Fidèle finit par adresser des reproches à Beau-Parleur :

D'ailleurs pour vous dire la vérité, j'ai appris que votre religion ne consiste qu'en paroles. On dit que vous êtes une tache parmi les chrétiens, et que la piété est décriée à cause de vous. On dit encore que votre conduite en a détourné plusieurs du bon chemin, et que beaucoup d'autres sont en danger de périr aussi[10].

Il faut dire que Chrétien l'avait mis en garde :

9.   Voir 1 Corinthiens 9.25-27 ; 1 Timothée 6.12 ; 2 Timothée 2.3,4.
10.   John Bunyan, *op. cit.*, p. 119.

> *[Beau-Parleur]* s'imagine qu'entendre et parler suffisent à faire un bon chrétien ; il s'abuse lui-même. Ouïr, ce n'est que recevoir la semence, parler ne suffit pas pour prouver que cette semence a germé dans le cœur et produit des fruits dans la vie. Au dernier jour, le juge ne nous demandera pas ce que nous aurons cru ou ce que nous aurons dit, mais ce que nous aurons fait, et c'est d'après nos actions que nous serons jugés. La fin du monde est comparée à une moisson, et tu sais que les moissonneurs comptent sur une récolte quand ils moissonnent[11].

Le personnage de Bunyan ne représente pas un chrétien en particulier, mais il reflète diverses facettes du chrétien. Il pourrait représenter le chrétien de confession assis à l'église près de nous, mais il est certainement tout aussi proche de celui qui est tapi en chacun de nous. C'est à ce Beau-Parleur en chacun de nous que Jésus a adressé ses avertissements les plus sévères, s'en prenant inlassablement aux vaines professions de foi, et affirmant sans aucune équivoque que la seule foi qui compte est celle qui obéit.

> Un bon arbre ne peut pas porter de mauvais fruits, ni un arbre malade porter de bons fruits. Tout arbre qui ne produit pas un bon fruit, on le coupe et on le jette au feu. Ainsi donc, c'est à leurs fruits que vous les reconnaîtrez. Il ne suffit pas de me dire : « Seigneur, Seigneur ! » pour entrer dans le Royaume des cieux ; il faut faire la volonté de mon Père qui est aux cieux. Beaucoup me diront en ce jour-là : « Seigneur, Seigneur ! n'est-ce pas en ton nom que nous avons prophétisé ? en ton nom que nous avons chassé les démons ? en ton nom que nous avons fait de nombreux miracles ? » Alors je leur déclarerai : « Je ne vous ai jamais connus ; *écartez-vous de moi, vous qui commettez l'iniquité* ! » Ainsi tout homme qui entend les paroles que je viens de dire et les met en pratique peut être

---

11. *Ibid.*, p. 114.

comparé à un homme avisé qui a bâti sa maison sur le roc. La pluie est tombée, les torrents sont venus, les vents ont soufflé; ils se sont précipités contre cette maison et elle ne s'est pas écroulée, car ses fondations étaient sur le roc. Et tout homme qui entend les paroles que je viens de dire et ne les met pas en pratique peut être comparé à un homme insensé qui a bâti sa maison sur le sable[12].

Dans un incident relaté par l'Évangile selon Marc, Jésus demande : « Qui sont ma mère et mes frères ? Et, promenant les regards sur ceux qui étaient assis en cercle autour de lui, il dit : Voici ma mère et mes frères, car celui qui fait la volonté de Dieu, celui-là est pour moi un frère, une sœur, une mère[13]. » La pratique de la vérité et l'obéissance dans la foi pourraient être considérées comme de simples signes extérieurs de la fidélité d'un disciple. Toutefois, Jésus leur redonne leur juste place au cœur de la foi. Chacune à juste titre fait partie du noyau intime de la communauté de la foi : pour la foi, obéir c'est manifester son essence la plus intime, et pratiquer la vérité, c'est être le plus authentiquement elle-même. L'obéissance constitue les liens de sang de la nouvelle communauté. C'est cette sorte de foi qui rend la vie riche, et élimine la possibilité du doute.

---

12. Matthieu 7.18-26 (*TOB*).
13. Marc 3.33-35.

CHAPITRE 8

UN COUP D'ÉTAT EN COULISSES

LE DOUTE PROVENANT DE LA RÉBELLION DES ÉMOTIONS

Une de mes amies a une peur bleue de prendre l'avion. J'ai vu plusieurs fois des gens bien intentionnés tenter de la persuader qu'il y a moins de risques à prendre l'avion qu'à conduire une voiture. Peut-être un jour tombera-t-elle sur quelqu'un qui saura la convaincre de manière irréfutable, preuves à l'appui, ou en faisant appel à des arguments émotionnels ou manipulateurs, mais je sais qu'elle préfèrera toujours conduire une voiture.

La force des arguments rationnels ne fera jamais le poids contre la puissance des émotions. C'est une chose de réfléchir rationnellement dans un salon d'aéroport, mais c'en est une autre de le faire une fois sur la plateforme d'embarquement. Et une fois que les ceintures sont bouclées et les moteurs lancés, la voix de la raison aura peine à se faire entendre dans le brouhaha des émotions. Le problème n'est pas que la raison attaque la foi, mais que les émotions submergent la raison aussi bien que la foi, et qu'il est impossible à la raison de faire entendre raison aux émotions.

La sixième variété de doute se manifeste au moment où les émotions, avec leur cortège de représentations imagées, de changements d'humeur, de sentiments désordonnés et de réactions hors de proportion, commencent à monter en puissance et renversent le pouvoir de la raison. Acculée, débordée, la foi bat en retraite, bâillonnée par une foule d'émotions incontrôlables et enragées, qui peu auparavant n'étaient que des sujets discrets et obéissants de la personnalité. La raison est jetée à terre, l'obéissance est poussée dehors, et les émotions prennent le pouvoir, imposant leur loi avec violence : le coup d'État est réalisé.

Autrement dit, il est ridicule de supposer que parce que nous avons adhéré un jour à une vérité, nous allons automatiquement y tenir contre vents et marées. L'esprit humain est dirigé tout autant par la raison que par les émotions, et à ce jeu-là, les émotions sont souvent les plus fortes. C. S. Lewis écrivait : «À moins que vous n'enseigniez à vos émotions où elles doivent descendre du train, vous ne pourrez jamais être un chrétien – ou un athée – raisonnable ; vous ne serez qu'un personnage balloté par les flots, dont les croyances dépendent autant de sa digestion que du temps qu'il fait[1]. »

LA PLACE DES ÉMOTIONS

La question-clé de la foi est celle de sa crédibilité. Ce que je crois est-ce vrai ? La personne à qui je fais confiance est-elle digne de confiance ? Se tourner vers la foi ne peut esquiver la question de la vérité et de la crédibilité de la personne à qui l'on fait confiance. Les preuves sont-elles suffisamment convaincantes ?

Des éléments subjectifs jouent un grand rôle dans la décision de croire. Toutefois, pour que la foi ne soit pas un simple leurre, des considérations objectives doivent déterminer si elle est vraie ou si elle nous induit en erreur. Les composantes de compréhension

1.   Walter Hooper, éd., *The Business of Heaven: Daily Readings from C. S Lewis*, Londres, Collins, 1984, p. 76-77 (traduction libre).

et de choix sont essentielles à une foi authentique, et elles sont toujours plus importantes que les émotions dans la conversion.

Il va sans dire que la conversion peut être éminemment émotionnelle dans la mesure où elle implique la personne tout entière dans un changement de vie radical. Cependant, malgré leur poids, les émotions ne font pas la conversion. Pas parce que la foi chrétienne exclut les émotions, mais parce que c'est ainsi que fonctionne la raison humaine. La foi chrétienne accorde en fait une place importante aux émotions, mais au moment de croire, la place de la compréhension et du choix de la vérité est primordiale, et les émotions secondaires.

Cette affirmation est certes valable en théorie. Néanmoins, même si les émotions ont joué un rôle modeste dans notre conversion, il est parfois difficile de maintenir cet équilibre par la suite (sans parler de tous ceux pour qui la vie chrétienne n'a pas débuté ainsi). Quoi qu'il en soit, le facteur humain le plus important, qui explique pourquoi la foi ne se poursuit pas comme elle a commencé, tient à la force explosive des émotions après la conversion.

Si nous ne portions pas les marques de la chute, nous trouverions naturellement un équilibre entre la raison, la volonté et les sentiments. Nous serions cohérents dans nos actions et nos réactions. Pour l'instant, aucun d'entre nous ne jouit d'un tel équilibre, et l'aliénation qui résulte du péché implique que nous sommes coupés non seulement de Dieu et des autres, mais également de nous-mêmes. Nous avons perdu l'harmonie profonde qui devait nous structurer. Pour certaines personnes, l'aliénation est telle qu'elle les conduit à un grave déséquilibre émotionnel. Toutefois, pour la plupart d'entre nous, la difficulté de vivre avec notre « moi » contradictoire et avec nos émotions conflictuelles est devenue monnaie courante. Nous avons tellement l'habitude de vivre avec notre nature pécheresse que nous avons tendance à l'accepter comme un état de fait normal.

L'aliénation du péché affecte autant notre raison que nos choix et nos sentiments. Ce n'est pas que l'un soit tombé plus bas que les autres. Les émotions font néanmoins partie de ce qu'il y a de plus vulnérable en nous, et en ce sens elles sont ce qu'il y a en nous de plus manipulable. Pour certaines personnes, même le corps est moins vulnérable aux maladies que les émotions ne le sont aux circonstances extérieures. Notre raison peut être acculée à renoncer à ses convictions, nos convictions peuvent même être renversées : mais lorsque nous sommes sous pression, nos émotions ont tendance à jeter l'éponge avant la raison et la volonté.

Cela donne l'impression que c'est parce qu'elles seraient faibles que les émotions posent problème. En fait, c'est justement l'inverse : le vrai problème est qu'elles sont trop fortes. Non seulement nos émotions sont facilement influençables, mais elles ont de l'influence. Une fois détournées, les émotions deviennent elles-mêmes de véritables agents de détournement, et c'est là que réside le danger.

Les émotions et l'imagination peuvent être parfois tenues en respect par la raison et la compréhension, mais elles ne sont jamais complètement domptées, ni pour longtemps. Souvent, les émotions se rebellent contre la raison dans un coup d'État dont elles ont le secret, et elles emportent tout sur leur passage, renversant la raison et la logique. C'est dans de tels moments que la fragilité de la raison se manifeste. Fine comme une toile d'araignée, légère comme une plume, fragile comme du papier de soie, la raison ne semble avoir aucune chance devant le déchainement d'émotions telles que la peur, la colère, la haine, la jalousie, le désir, et tout ce qui peut nous affecter. Nous ne valons dès lors pas mieux que « les deux petites écervelées » dont George Macdonald a pu dire :

Elles avaient un sentiment, ou plutôt un sentiment les habitait, jusqu'à ce qu'un autre vienne prendre sa place. Lorsqu'un sentiment s'installait, elles avaient l'impression qu'il ne passerait jamais ; quand il était passé, elles avaient l'impression qu'il n'avait jamais été là ; et quand il revenait, elles avaient l'impression qu'il ne les avait jamais quittées[2].

Parce que nous, humains, sommes si instables, nous avons besoin d'une dose de réalisme. Thomas a Kempis écrivait : « C'est le bon parti, quand tu es en pleine ferveur de méditer ce que tu deviendras, une fois la lumière éloignée[3]. » Et ailleurs : « S'il en fut ainsi fait à l'égard des grands saints, nous n'avons pas à désespérer, nous, infirmes et pauvres, d'être parfois en ferveur et parfois en froideur[4]. »

ÉLIE ET LE ROYAUME DU DÉSESPOIR

Le sixième doute n'est pas non plus l'apanage unique de la foi chrétienne : les chrétiens ne sont pas les seuls à être en proie au doute d'origine émotionnelle, alors que les autres baigneraient dans la certitude. Nous avons tous des doutes émotionnels, et naturellement, nous, chrétiens, ressentons les nôtres dans un contexte propre à la foi chrétienne.

L'une des caractéristiques déterminantes de cette incertitude émotionnelle est qu'elle a peu à voir avec le contenu de la croyance, et tout à voir avec le croyant. Pascal notait avec ironie : « Le plus grand philosophe du monde, sur une planche plus large qu'il ne faut, s'il y a au-dessous un précipice, quoique sa raison le convainque de sa sûreté, son imagination prévaudra[5]. » James

---

2.   C. S. Lewis, *George Macdonald: An Anthology*, Londres, Geoffrey Blue, 1946, p. 133 (traduction libre).
3.   Thomas a Kempis, *L'imitation de Jésus Christ*, Paris, Éditions Grasset, 1931, livre III, chap. 7 (« Qu'il faut cacher la grâce sous la garde de l'humilité »), p. 118.
4.   *Ibid.*, livre II, chap. 9 (« De l'absence de toute consolation »), p. 83.
5.   Blaise Pascal, *Pensées*, 104 (Brunschvicg 82 ; Lafuma 44), dans *Œuvres complètes*, *op. cit.*, p. 1117.

Thurber disait à peu près la même chose : « Tout homme est un jour ou l'autre traversé par le soupçon que la planète qui l'emmène dans l'espace ne va nulle part. Ces doutes noirs s'emparent de nous juste avant les soirs d'orage, ou tôt le matin lorsque les chaudières s'enclenchent, ou lors d'errances déroutantes dans les forêts au-delà de l'Euphorie, après une longue nuit d'ivresse[6]. »

L'exemple biblique le plus classique de cette profonde dépression accompagnée d'idées suicidaires est celle qu'a traversée le prophète Élie au IXe siècle av. J.-C. en Israël. « Puis il s'enfonça dans le désert. Après avoir marché toute une journée, il s'assit à l'ombre sous un genêt isolé et demanda la mort : C'en est trop ! dit-il. Maintenant Éternel, prends-moi la vie, car je ne vaux pas mieux que mes ancêtres[7]. » Au premier abord, cet effondrement désespéré de la volonté et cette pitié de soi paraissent incompréhensibles de la part d'un homme comme Élie dont la crédibilité et la réputation n'étaient plus à faire, au sommet de son ministère, et couronné de succès. Tout avait l'air de lui réussir. Les foules étaient derrière lui, le pouvoir royal avait été humilié, ses ennemis avaient été mis en déroute, sa cause reconnue, et soudain, sous la menace d'une femme – Jézabel – son courage s'effondre, et il fuit pour sa vie. Rien n'a l'air moins raisonnable.

D'un autre point de vue, ce qui lui arrive est assez compréhensible : Élie a cédé sous la pression émotionnelle. Les contraintes éprouvantes de la confrontation publique l'ont poussé dans ses retranchements et ont épuisé ses ressources. Les années de solitude dans le désert, suivies de ce bras de fer avec Jézabel, ont mis ses émotions à rude épreuve, de sorte qu'il a aura suffi d'une menace pour l'amener à céder. Ce n'est pas que Dieu l'ait abandonné, mais ce sont ses émotions qui ont pris le dessus sur sa foi et sa raison, et

---

6.   James Thurber, *I believe*, Londres, Allen & Unwin, 1969, p. 137 (traduction libre).
7.   1 Rois 19.4.

l'ont plongé dans un abîme de désespoir. Témoin d'une période troublée de l'histoire d'Israël au VIIᵉ siècle av. J.-C., le prophète Jérémie était passé par la même épreuve. Physiquement éprouvé et émotionnellement épuisé, sa foi s'était affaiblie : « Elle est perdue, ma confiance, mon espérance en l'Éternel[8] ! »

La volonté la plus ferme du monde et la compréhension la plus profonde des fondements de la foi ne nous prémunissent en rien contre les attaques du doute par la voie de nos émotions. L'épuisement, la solitude, une longue maladie, un accident, un deuil, une fatigue extrême, un coup de colère, la jalousie ou même une mauvaise nutrition sont autant de portes ouvertes au doute par l'intermédiaire des émotions. Le déchainement des émotions peut produire un raz-de-marée de doute tout aussi dévastateur que les questions les plus gênantes d'un militant athée. Oswald Chambers conseillait avec sagesse : « En évaluant de quoi vous êtes capable, n'oubliez pas que la dépression peut vous guetter, vous aussi[9]. »

Martin Luther, un homme souvent aux prises avec ses émotions, était très lucide à ce sujet : « Les problèmes d'Ève ont commencé au moment où elle s'est trouvée seule dans le jardin d'Éden[10]. » C. S. Lewis de son côté a admis qu'il n'était jamais en proie au doute sauf dans une chambre d'hôtel, seul et loin de sa famille. Quelques siècles plus tôt, Augustin disait tellement détester les voyages et l'hiver que c'en est devenu pour lui une image de la vie ici-bas après la chute.

---

8. Lamentations 3.18 (*Colombe*).
9. Oswald Chambers, *op. cit.*, voir la méditation du 17 février.
10. Roland H. Bainton, *Here I stand: A life of Martin Luther*, New York, Mentor Books, 1955, p. 284-285 (traduction libre).

JÉSUS-CHRIST, UN REFUGE EN
TERRITOIRE ENNEMI

Du fait que les doutes émanant des émotions sont alimentés par l'imagination, ils doivent compenser par une touche dramatique ce qu'il leur manque en logique. Les faits restent les mêmes, mais quand l'imagination s'en mêle, elle crée sa propre réalité, et change la perspective sur les choses. Ce qui paraissait réel n'est plus qu'apparences, et les plus petites choses prennent des proportions gigantesques.

Alors que les héros de Bunyan, Chrétien et Grand-Espoir languissent dans les cachots du Château du Doute, un voile noir de détresse s'étend sur Chrétien de sorte qu'il en oublie toutes les certitudes, joies, et victoires que le pèlerinage lui avait procurées jusque-là. Grand-Espoir essaie de le réconforter en lui rappelant les étapes du voyage : « Mon frère, ne te souviens-tu pas comme tu as été vaillant jusqu'ici ? Apollyon n'a pas pu te vaincre et tout ce que tu as vu, entendu ou éprouvé, dans la vallée de l'Ombre de la Mort, toutes les terreurs et les dangers que tu as traversés n'ont pu t'abattre. Et maintenant tu trembles et tu désespères[11] ? »

Le point d'entrée de ce doute n'est pas forcément un problème insoluble. Le moindre inconfort peut y suffire, un problème quelconque qui n'a rien à voir avec Dieu ou la théologie – il peut s'agir de la simple opinion d'un autre chrétien. À partir de là, la foi même la plus solide ne sera plus forcément une garantie contre les avancées du doute. La vérité divine est toujours aussi inébranlable, la foi est toujours aussi ferme dans ses convictions, mais l'impression fugace d'être un tant soit peu ridicule ou différent peut ébranler la foi dans ses certitudes et ouvrir la porte à des sentiments comme la honte, l'hostilité, ou la supériorité.

---

11. John Bunyan, *op. cit.*, p. 160.

Qu'y a-t-il de pire que la frustration que nous éprouvons parfois vis-à-vis de nos frères et sœurs en Christ ? À l'origine d'une telle frustration se trouvent souvent nos propres frustrations, que nous projetons inconsciemment sur les autres (et incidemment, ce sont les mêmes frustrations que les autres éprouvent probablement à notre égard). Quoi qu'il en soit, nous avons tous éprouvé cette alternance de sentiments oscillant entre l'admiration pour la diversité que nous rencontrons au sein de l'Église et l'agacement pour ce que nous percevons comme de l'individualisme, de la bizarrerie et de l'idiosyncrasie. Ce n'est pas notre théologie qui a changé, ce sont nos émotions qui ont pris le dessus.

Il arrive cependant que les causes soient beaucoup plus profondes qu'un simple inconfort ou une frustration. Par exemple, si nous avons été blessés par un frère ou une sœur de notre communauté, le doute peut s'insinuer. Pierre Abélard, le théologien de la Sorbonne du XIIᵉ siècle a été sa vie durant en butte à l'envie et la calomnie. Il se plaignait amèrement auprès de l'un de ses amis qu'il ne pouvait entendre parler d'une réunion de ses condisciples sans immédiatement penser à un complot : « Souvent, Dieu le sait, je tombe dans un tel désespoir, que je suis disposé à m'exiler en quittant les terres chrétiennes pour passer chez les infidèles, et à acheter, ayant passé un accord sur mes contributions, le droit de vivre en paix chrétiennement parmi les ennemis du Christ[12]. »

Abélard ne mit jamais son souhait à exécution certes, mais à l'instar d'Abélard ou de Job avant lui, tout chrétien qui a souffert des attaques de ses condisciples a dû connaître la tentation du doute. Ce qui nous ramène une fois de plus aux fondements émotionnels de ce genre de doute. Dieu reste fidèle au contraire de certains de ses enfants qui tombent parfois dans la trahison. Nos

---

12. Pierre Abélard, *Héloïse – Abélard : Correspondance* I, 12, Paris, Éditions Hermann, 2007, p. 79.

émotions peuvent être ravagées, mais notre foi peut rester forte, puisque la fidélité de Dieu ne change pas.

Pascal, méditant sur la faiblesse de la raison vis-à-vis des émotions, concluait : « Il en est de même de la science, car la maladie l'ôte[13]. » Et il poursuit, en ironisant sur la manière dont l'imagination peut se jouer de la raison : « La raison a beau crier, elle ne peut mettre le prix aux choses[14]. »

C. S. Lewis lançait cet avertissement utile aux chrétiens nouvellement convertis :

> Mais supposons que la raison d'un homme le pousse à accepter l'évidence du christianisme comme irréfutable. Que lui arrivera-t-il par la suite ? Les ennuis et les mauvaises nouvelles l'accablant, le fait pour lui de vivre avec des gens qui ne partagent pas sa croyance, feront que ses émotions reprendront le dessus, et écraseront sa foi comme sous un bombardement. […] Or la foi, dans le sens que j'utilise ici, est l'art de s'accrocher aux certitudes que votre raison a acceptées une fois pour toutes, en dépit de vos variations d'humeur[15].

LE CŒUR ET LA RAISON

Il y a plusieurs raisons pour lesquelles le doute d'origine émotionnelle est si répandu. Certaines sont naturelles : par exemple, plusieurs viennent à la foi pendant leurs années adolescentes ou leurs années d'études, à une époque où toutes nos décisions ont une forte composante émotionnelle, tout comme le fait de tomber amoureux ou de quitter le toit familial.

---

13. Blaise Pascal, *Pensées*, 197 (Brunschvicg 436 ; Lafuma 28), dans *Œuvres complètes, op. cit.*, p. 1137.
14. Blaise Pascal, *Pensées*, 104 (Brunschvicg 82 ; Lafuma 44), dans *Œuvres complètes, op. cit.*, p. 1116.
15. C. S. Lewis, *Les fondements du christianisme, op. cit.*, p. 146.

D'autres raisons sont plus préoccupantes. Ainsi, nous Occidentaux sommes exposés à une hérésie assez caractéristique : la pensée positive qui, sous ses multiples formes amène à avoir foi en la foi plutôt qu'en Dieu. Ce à quoi Oswald Chambers répliquait fermement : « Ne vous laissez pas aller à parler de vos expériences ; la foi qui se confie en elle-même n'est pas la foi ; la foi qui se confie en Dieu est la seule véritable[16]. »

Certaines raisons sont inexcusables. Ainsi certains chrétiens occidentaux accordent une importance exagérée aux émotions, qui dépasse de loin les normes bibliques. Souvent, ils délogent la raison de sa juste place, et justifient l'orgueil dont se parent les émotions en redessinant la frontière entre le cœur et la raison.

Il est évident que Dieu, tout au long de la Bible, s'adresse au cœur. Toutefois, la signification biblique de la notion de « cœur » n'est pas du tout celle que nous avons aujourd'hui : elle en est presque l'opposé. Le terme « cœur » avec sa connotation émotionnelle ne représente qu'une infime partie des occurrences du terme dans la Bible. Dans la grande majorité des cas, une telle traduction est même un contresens. Bibliquement, le cœur désigne le siège de la personnalité tout entière, et non pas nos émotions.

Un tel contresens a contribué à une compréhension erronée, non biblique et inefficace à combattre le doute provenant des émotions. La bataille est perdue avant d'avoir commencé. La raison ne maîtrisait pas la situation en temps de foi, et l'on ne saurait guère s'attendre qu'elle la maîtrise en temps de doute. Les émotions qui régnaient déjà quand la foi était là sont toujours là maintenant que le doute s'est imposé. La seule différence est qu'elles ont changé de camp.

---

16. Oswald Chambers, *op. cit.*, voir la méditation du 21 décembre.

Or, si les émotions sont tout ce qui compte, alors ni la foi ni le doute n'ont à voir avec la vérité : ce sont simplement différents noms que les émotions donnent à leur changement d'humeur.

DES ÉTRANGERS EN PAYS HOSTILE

Une autre raison pour laquelle ce genre de doute est si répandu a trait aux effets de l'isolement social sur beaucoup de chrétiens. C'est probablement moins vrai chez beaucoup de chrétiens occidentaux, même si nous vivons dans une société de plus en plus pluraliste en privé et laïque en public. D'une certaine manière, le pluralisme offre plus de liberté, mais toujours dans le cadre de lourdes contraintes. Nous sommes éminemment libres en privé par exemple, mais même notre liberté est conditionnée par des forces aussi puissantes que le consumérisme, les médias de masse, ou des idées reçues sur la tolérance. Dans une société de masse, ceci a pour effet de créer un référentiel commun, où les individus sont inconsciemment poussés à adopter des attitudes communes, conditionnés qu'ils sont par les messages qui leur sont constamment répétés par l'intermédiaire d'un système de valeurs, de stéréotypes et d'une idéologie commune. La diversité est encouragée, mais seulement à l'intérieur de certaines limites implicites, mais définies – et la tolérance peut être éminemment sélective. Il n'y a pas de liste officielle des meilleures croyances ou philosophies, mais la liste officieuse est régulièrement mise à jour. Les dernières idées à la mode tiennent le haut du pavé, reléguant les idées d'hier au bas du classement. Le tabou aujourd'hui ne porte pas sur l'adultère, mais sur le politiquement incorrect.

Être chrétien dans cette société-là signifie nager à contre-courant : l'ignorance vis-à-vis de la foi chrétienne, les préjugés et les caricatures sont monnaie courante, de sorte qu'un chrétien doit avoir le courage de ses convictions, malgré le désespoir qui peut résulter du sentiment de solitude et de l'incompréhension.

Pensez à un étudiant chrétien dans un cours de philosophie, entouré d'étudiants qui tournent la foi en dérision. Imaginez un chrétien, professeur d'anthropologie, incompris tant par ses amis chrétiens que par ses collègues non croyants : « Comment peut-on être chrétien et enseigner dans ce domaine ? » Essayez d'imaginer toutes ces situations auxquelles les chrétiens doivent faire face, jour après jour, seuls : au bureau, à l'usine, à l'hôpital, dans l'armée. Pas besoin d'imaginer une situation extrême ou hostile : la difficulté, c'est le fardeau constant d'être différent, de sortir du lot, de vivre dans deux mondes à la fois. La pression d'une telle solitude peut conduire au doute.

Ces pressions peuvent être encore plus difficiles à supporter dans des pays hostiles à la foi chrétienne : avant l'effondrement du communisme, un ami proche, professeur dans une université marxiste en Pologne, m'écrivait qu'il avait le sentiment que les groupes chrétiens étaient en train de se couper du monde pour se réfugier dans un mode de pensée rigide ; des groupes avec lesquels il avait le sentiment de ne plus rien avoir en commun, de sorte qu'il se sentait de plus en plus seul aux prises avec ses combats intérieurs, et tenté d'abandonner la foi.

Sa solitude était d'autant plus douloureuse qu'il était un intellectuel chrétien sensible, et l'agonie du doute qu'il éprouvait était autant liée à l'isolement qu'à des dilemmes intellectuels. Nous aurions pu nous lancer dans de grandes discussions philosophiques ou théologiques, mais je sentais que ce dont il avait besoin n'était pas une longue réponse élaborée, mais des manifestations d'amitié et d'amour simplement humaines – comme ce qui se passe entre deux amis au cours d'une promenade au cœur de l'automne, ou au cours d'un simple moment de partage et de prière – voilà ce qu'il lui manquait le plus.

Plus d'un chrétien s'est trouvé confronté à de telles situations vis-à-vis de sa famille ou de ses amis au début de sa conversion. Leur « nouvelle » croyance les coupe de leurs amis et de leur famille restés fidèles à leurs « anciennes » croyances. Le danger est qu'à partir de là, ces « nouveaux croyants » considèrent leur entourage exclusivement en tant que « non-croyants » et n'entrent plus en communication avec eux sur un plan simplement humain. Poussés à partager leur foi à tout prix, ces jeunes croyants sont tout feu tout flamme, motivés par un mélange d'enthousiasme et d'insécurité, de sorte qu'ils se concentrent plus sur les différences entre croyants et non-croyants que sur la différence qu'apporte la foi. Leur foi nouvelle est dès lors perçue comme une menace, et leurs amis et leur famille ont tendance à resserrer les rangs et à se protéger derrière un mur de mépris et d'indifférence : « Le silence est la pire forme de persécution », disait Pascal[17].

Un tel rejet peut provoquer un profond sentiment d'échec, et laisser le nouveau converti dans un état d'abattement qui ouvre la porte aux premiers doutes. En réalité, ce n'est pas de leur foi dont ils doutent, mais d'eux-mêmes et de leur capacité à partager leur foi. S'ils doivent à nouveau être aux prises avec de telles situations, ils pourront en arriver à mettre en cause leur foi, alors que ce qui est en cause est un style de témoignage, qui met l'accent plus sur les émotions que sur le contenu et la communication, et qui les a amenés à en dire trop, trop tôt et de la mauvaise manière.

Nous pouvons tous passer par des moments de doute où nos émotions s'éclipsent et emportent avec elles notre confiance en Dieu, que nous soyons un étudiant en période d'examens, un père qui apprend que son poste est en danger, un homme d'affaires esseulé dans une chambre d'hôtel loin de chez lui, une mère qui apprend qu'elle a un cancer du sein, un auteur dont le manuscrit

---

17. Blaise Pascal, *Fragments divers LXVI* (Brunschvicg 920 ; Lafuma 916), dans *Œuvres complètes, op. cit.*, p. 1073.

vient d'être refusé, un pasteur jaloux du succès d'un voisin ou un adolescent qui a peu d'amis.

Il est dès lors capital de se connaître suffisamment soi-même pour savoir repérer ces moments et les pressions qu'ils amènent. L'important dans de tels moments est de se souvenir que ce n'est pas la vérité qui est mise à l'épreuve, mais notre foi. Quand la foi est menacée par une armée d'émotions déchaînées, elle panique et perd contact avec la fidélité de Dieu : c'est cette perte de contact qui conduit au doute.

UNE SPIRITUALITÉ CONCRÈTE

Quel est le remède à ce type de doute ? Comme pour les autres types de doute, il est de deux ordres. Le remède immédiat consiste à lui apporter une réponse pratique. Le danger est de nous laisser berner : l'enjeu n'est pas théologique, il est émotionnel. Ce doute n'est qu'un symptôme : même s'il est erroné, ce n'est pas le contenu qui est en cause, et il ne sert dès lors à rien de s'en prendre à ce que nous disent les émotions. Ce que dit celui qui doute doit être pris au sérieux, mais pas littéralement. Ce qui doit être traité, c'est ce que révèlent les émotions, les racines concrètes du problème dont les émotions et le doute ne sont que le symptôme.

Il est intéressant de noter que le remède à la dépression d'Élie n'a pas consisté en une mise à jour théologique, mais en un repas et du repos. « Soudain, un ange le toucha et lui dit : Lève-toi et mange ! Il regarda et aperçut près de sa tête un de ces gâteaux que l'on cuit sur des pierres chauffées et une cruche pleine d'eau. Il mangea et but, puis se recoucha[18]. » Avant que Dieu ne lui parle, Élie s'était nourri deux fois et avait récupéré en dormant. Alors, et alors seulement, Dieu est venu le mettre en face de ses erreurs.

---

18.   1 Rois 19.5,6.

C'est toujours la façon dont Dieu agit. Nous ayant faits humains, il respecte notre humanité et nous traite avec intégrité : c'est-à-dire en fonction de qui nous sommes. Ce sont les humains et non Dieu qui ont rendu la foi impraticable. Dieu, le Père de Jésus-Christ, connaît le nombre de nos cheveux. Il n'est pas étranger ni indifférent à notre souci concernant la nourriture, un toit sur nos têtes, notre quête d'amour et d'amitié. Jésus vient à notre rencontre et nous enseigne à prier : « Donne-nous aujourd'hui le pain dont nous avons besoin[19]. » Et il incarne sa Parole : il nourrit les foules que d'autres voulaient renvoyer, et après avoir guéri la fille de Jaïrus, il enjoint à ses parents de lui donner à manger[20].

Au contraire, nous avons rendu la spiritualité très peu pratique. La chute a creusé un fossé entre l'humain et le spirituel. Lorsque nous disons que nous sommes trop humains, nous pensons souvent à la partie faible et sombre de notre nature humaine, à ce qui n'a rien de spirituel. La part spirituelle a été coupée de notre réalité humaine, de sorte que, rattachés à la terre, nous nous battons pour échapper à notre condition animale et nous élever vers le ciel. Nous finissons soit par rester pratiques au détriment de la spiritualité, soit à être spirituels au détriment de la vie pratique. Paradoxalement, c'est Dieu qui est le plus terre-à-terre en s'incarnant, c'est le Divin qui est le plus humain en Jésus-Christ, et le plus spirituel de tous qui devient le plus pratique.

La tentation est d'entretenir un conflit entre spiritualité et vie pratique, ou de les exclure mutuellement. Les chrétiens sont allés dans les deux extrêmes. Certains sont devenus trop « mondains » et d'autres trop « extramondains ». Les conséquences sont tout aussi désastreuses d'un côté ou de l'autre. Celui qui est spirituel sans être pratique finit par perdre la spiritualité, et celui qui est pratique sans être spirituel finit par être déconnecté de la vie pratique. L'une

19. Matthieu 6.11.
20. Marc 5.43.

des grandes faiblesses de la « super-spiritiualité » est son incapacité à être concrète. Dans ce domaine par exemple, le doute, avec ses préoccupations pratiques, trouve des justifications qui ne sont souvent que des excuses pour cacher l'échec à traiter le manque de vie pratique à la racine.

Si quelqu'un doute parce qu'il est fatigué, le meilleur remède n'est pas de prier, mais de dormir. Si quelqu'un est rongé par le doute parce qu'il est épuisé, ce n'est pas d'une séance d'introspection dont il a besoin, mais d'une journée de congé et de ressourcement ou encore de vacances au soleil. Si quelqu'un se sent abattu, il a peut-être besoin avant tout d'exercice, d'un bon régime alimentaire et d'une soirée avec des amis à visionner un film hilarant.

Certaines personnes souffrent des changements de saisons, des fluctuations de la météo, d'autres se sentent plus fragiles à l'approche de certaines dates anniversaires. Personnellement, je perds le moral à l'approche du mois de juin : cela n'a rien à voir avec l'horoscope, c'est le mois où se déclenchent mes allergies. Dans chacun de ces exemples, nos émotions sont affectées par des facteurs qui exigent des solutions pratiques.

Bien sûr, nous ne pouvons pas toujours nous attaquer aux causes du problème. Les dates d'anniversaire ne changent pas, les pollens se répandront toujours dans l'atmosphère, les échéances sont toujours devant nous. Toutefois, nous pouvons désamorcer les dégâts potentiels que ces éléments pourraient occasionner. Il est évident qu'un chrétien découragé ne peut agiter une baguette magique qui ferait en sorte que tous ses collègues se convertissent. La meilleure solution n'est pas non plus de démissionner. Ce que chacun peut faire, c'est reconnaître les sources de pression et les situations qui entrainent l'isolement et le doute, et trouver un contrepoids dans les encouragements et le rapprochement avec d'autres chrétiens.

À long terme, le remède le plus pratique est aussi le plus spirituel. Tout ce qui fait diminuer le doute contribue à la foi. Les solutions doivent être adéquates autant que pratiques. Pour deux personnes déprimées, les solutions ne seront pas forcément les mêmes : pour l'un, ce sera de dormir plus, pour l'autre un peu moins de sommeil et un peu plus de discipline pour s'attaquer à la longue liste de choses à faire.

Dans d'autres cas encore, le doute peut être une combinaison d'éléments spirituels et pratiques : dans ce cas, les solutions uniques ne suffiront pas. Il faut une solution qui s'adresse aux deux sources du problème. La réaction de Néhémie devant les menaces extérieures et le découragement de ses propres troupes illustre bien ce problème : «Alors nous avons prié notre Dieu et nous avons posté des gens pour monter la garde, de jour et de nuit, pour nous défendre contre eux[21]. » Cela ne signifie pas que prier est spirituel et que placer des gardes est pratique, même si c'est dans ces termes que nous avons tendance à le formuler. En fait, chacune de ces solutions est pratique et adéquate, mais aucune des deux n'y suffit à elle seule.

SE PARLER UN PEU PLUS À SOI-MÊME

Dans une visée à plus long terme, la deuxième partie de la solution consiste à exercer la foi et à la renforcer de telle sorte qu'elle ne soit pas submergée par les émotions et les humeurs. Si nous nous en tenons uniquement à la solution à court terme, et nous concentrons sur les aspects pratiques du doute, nous donnerons l'impression de tomber dans la complaisance : faudrait-il prendre un jour de congé chaque fois que nous ressentons le soupçon d'un doute?

---

21. Néhémie 4.3.

La solution à long terme contrebalance les solutions à court terme en permettant à la foi de s'affermir pour être moins vulnérable. Là réside la clé du problème : il serait réconfortant de penser que le problème du doute pourrait être résolu en quelques nuits de sommeil ; à l'inverse, il est plus démoralisant de penser que la foi est si faible qu'elle pourrait être mise en danger et disparaître par manque de sommeil. C'est notre foi qui devrait diriger nos émotions, et pas l'inverse.

À nouveau, Oswald Chambers nous donne de solides conseils :

> Sur certains points, il ne s'agit pas de prier, mais de réagir – quant à notre humeur par exemple. Ce ne sont pas les prières qui chassent la mauvaise humeur, elle doit être boutée dehors. Généralement, la mauvaise humeur tient à un mauvais état physique. Faisons donc un effort continu et ne nous laissons pas influencer par la mauvaise humeur qui vient de notre condition physique ; ne nous laissons jamais dominer par elle. Prenons-nous nous-mêmes par la peau du cou, et secouons-nous. Ainsi ce qui paraît impossible devient possible. Le désastre est que nous ne voulons pas réagir. La vie chrétienne est une vie qui demande continuellement du cran[22].

Dans un même registre, Martyn Lloyd-Jones met le doigt sur un point essentiel : «Nous devons parler à notre âme, au lieu de la laisser s'adresser à nous ! Saisissons-nous la distinction ? Dans la dépression spirituelle, nous laissons notre "moi" s'exprimer au lieu de lui parler. Là réside le problème essentiel[23]. »

À écouter nos émotions au lieu de leur parler, nous courons le risque de succomber à la même tentation qui a surpris Adam et Ève. L'ordre de la création est inversé lorsque le serpent dicte sa loi

---

22. Oswald Chambers, *op. cit.*, voir la méditation du 20 mai.
23. Martyn Lloyd-Jones, *La dépression spirituelle : ses causes et ses remèdes*, Chalon-sur-Saône, Europresse, 2015, p. 17.

aux humains. Il en va de même lorsque les émotions dictent leur loi à la foi. Le contrôle que nous sommes appelés à exercer collectivement sur la nature est le même que celui que nous sommes appelés à exercer personnellement sur notre propre nature. Un tel contrôle émane de la discipline de la foi. Pascal le suggère : « Enfin, il faut avoir recours à [la coutume] quand […] l'esprit a vu où est la vérité afin de nous abreuver et nous teindre de cette créance qui nous échappe à toute heure[24]. »

Notre époque vénère plus la spontanéité que les habitudes, la discipline et la formation du caractère – la persévérance dans l'obéissance, comme le disait Nietzsche. Ces dernières se voient ainsi trop souvent méprisées. Pourtant, les habitudes ne sont pas forcément une ornière. L'habitude devient une seconde nature, et ce que nous acquérons ainsi – que ce soit une bonne habitude ou une mauvaise, un mode de vie monotone ou un trait de caractère positif – dépend entièrement de ce que nous choisissons. Si nous nous installons dans une habitude active, cela nous rendra plus forts ; et si nous nous installons dans une habitude passive, nous nous affaiblissons. Dans le cas présent, si nous exerçons dans chaque situation l'habitude d'avoir confiance en Dieu malgré nos sentiments, elle deviendra une seconde nature. La foi prendra alors le contrôle de nos vies, et ne sera pas la victime de nos émotions.

La qualité de nos émotions dépend du statut de notre foi, tout comme la qualité de notre foi dépend de la qualité de notre compréhension de la foi. « Les sentiments doivent suivre ; mais la foi, indépendamment de tout sentiment, doit précéder[25]. » Telle est la façon dont Luther comprend les rapports entre la foi et les émotions. Toutefois, il insiste aussi sur le fait que cet équilibre n'est

---

24. Blaise Pascal, *Pensées*, 470 (Brunschvicg 252 ; Lafuma 821), dans *Œuvres complètes, op. cit.*, p. 1220.
25. Ewald Plass, *op. cit.*, p. 514 (traduction libre).

pas inné, et que nous devons l'acquérir patiemment : « La leçon de la foi doit être constamment mise en pratique et exercée[26]. »

Martyn Lloyd-Jones l'exprime encore plus clairement :

> Le secret de la vie spirituelle consiste à savoir se prendre en main : comment se parler, s'exhorter, s'interroger. Il nous faut dire à notre âme : « Pourquoi es-tu abattue ? D'où viennent tous ces gémissements ? » Au lieu de nous morfondre dans la dépression, nous devons affronter ce moi, le réprimander, le condamner et l'exhorter : « Espère en Dieu ! » Souvenons-nous alors de Dieu, de son caractère, de ses promesses, de ses œuvres présentes et passées[27].

La maîtrise de nos émotions n'a rien à voir avec l'ascétisme ou le refoulement, car il ne s'agit pas de briser nos émotions ou de les nier, mais de les dompter, de les rendre enseignables en les apprivoisant.

L'exemple de l'apôtre Paul souligne à quel point notre compréhension de l'obéissance à la foi est pauvre. Dans sa première lettre aux Corinthiens, il parle de lui-même : « C'est pourquoi, si je cours, ce n'est pas à l'aveuglette, et si je m'exerce à la boxe, ce n'est pas en donnant des coups en l'air. Je traite durement mon corps, je le maîtrise sévèrement, de peur qu'après avoir proclamé l'Évangile aux autres, je ne me trouve moi-même disqualifié[28]. » Et pour ceux qui seraient tentés de se soustraire à ces standards, il ajoute dans sa première épître aux Thessaloniciens : « Que chacun de vous sache gagner une parfaite maîtrise de son corps pour vivre dans la sainteté et l'honneur[29]. »

---

26. *Ibid.*, p. 482 (traduction libre).
27. Martyn Lloyd-Jones, *op. cit.*, p. 17. Voir aussi Psaumes 73.15.
28. 1 Corinthiens 9.26,27.
29. 1 Thessaloniciens 4.4.

À moins que nous entrainions nos émotions, elles nous condui-
ront par le bout du nez, et nous serons soumis à la moindre
impulsion ou réaction. Mais une fois que la foi est entrainée à
contrôler les émotions et sait comment s'opposer résolument
aux faiblesses de caractère, la porte d'entrée du doute est scellée
une fois pour toutes.

Nos tourments de chrétiens viennent non de notre péché, mais
de l'ignorance des lois qui régissent notre propre nature[30].

– Oswald Chambers

---

30.   Oswald Chambers, *op. cit.*, voir la méditation du 22 mars.

CHAPITRE 9

LES CICATRICES D'UNE VIEILLE BLESSURE

LE DOUTE PROVENANT DES CONFLITS INTÉRIEURS

Avez-vous déjà observé un jeune enfant qui redoute une visite chez le dentiste? Ou un étudiant au moment d'entrer dans une salle d'examen, persuadé qu'il n'a aucune chance de réussir? Aucun des deux n'est désespérément pessimiste : ils utilisent tous deux un stratagème plus subtil. Ils imaginent le pire scénario, de sorte que s'il ne se produit pas, ce sera toujours mieux que ce qu'ils avaient imaginé.

De même, le septième type de doute trouve sa source dans des mécanismes purement psychologiques. Ce type de doute est si proche du précédent que beaucoup ne les distinguent pas vraiment. Une analyse plus subtile montrera qu'ils opèrent de manière très différente, mais surtout que ce dernier agit beaucoup plus profondément que le doute émotionnel. Par conséquent, les dégâts qu'il cause sont plus dévastateurs.

Chaque génération a tendance à se focaliser sur sa discipline favorite, à mettre en avant une manière de voir les choses, à construire son cadre de référence, et à réinterpréter le passé à la lumière de ce nouveau cadre. Pour notre génération, c'est la psychologie qui a eu cet honneur discutable d'incarner ce nouveau paradigme, et sa prédominance a créé une situation qui comporte deux dangers opposés. Soit tout est interprété en termes psychologiques, soit le cadre psychologique est entièrement rejeté. Certaines personnes par exemple considèrent le doute comme un phénomène purement psychologique. Ils dénient toute composante objective à la foi et relient le doute à la capacité ou l'incapacité de croire. Pour eux, le doute aussi bien que la foi sont une question de psychologie. D'autres au contraire insistent tellement sur la dimension du péché, du choix et de la responsabilité, qu'ils se méfient de la psychologie comme de la peste, la soupçonnant de servir d'excuse pour diminuer notre responsabilité. On retrouve ici l'opposition entre la tendance à la psychologisation et la tendance à la spiritualisation.

Une vision équilibrée du problème est probablement plus juste et plus utile. Il est aussi erroné de recourir à des explications psychologiques pour rendre compte des causes objectives du doute que de tenter de rendre compte de ses causes subjectives en recourant à des explications objectives. Le doute dont nous traitons dans ce chapitre est avant tout psychologique, et il ne peut être correctement appréhendé qu'à condition de comprendre la constitution psychologique de la personne qui doute.

LE DOUTE PAR EXCÈS DE JOIE

Une foi saine est capable d'atteindre tout ce à quoi elle aspire. Imaginez que vous tentez de saisir quelque chose que vous convoitez avec une main blessée. L'objet que vous voulez saisir est toujours là, votre force musculaire est intacte, mais la douleur résultant de la pression sur la blessure vous empêche d'y exercer la même force. C'est ce qui se passe dans cette septième sorte de doute. Ces personnes savent qu'elles ont besoin de la vérité, elles voient la différence que cela ferait, elles reconnaissent qu'elle est vraie, et tout les pousse à y croire. Le problème, c'est que cela raviverait de vieilles blessures mal soignées, encore trop douloureuses pour être exposées. Lorsque ce risque se profile, le doute est un mécanisme de défense qui permet de se mettre à l'abri.

L'un des exemples les plus frappants de cette situation est la description que Luc fait de la nuit du dimanche de la résurrection. Sans crier gare, Jésus fait soudain irruption dans la chambre où les disciples sont réunis, et les confronte à la présence réelle de la résurrection. Ils sont d'abord pris au dépourvu, pris dans le dilemme entre l'incrédulité et l'envie de croire. Luc immortalise ce moment de doute en suspens par une expression très particulière : « Comme, sous l'effet de la joie, ils ne croyaient pas encore[1]... »

Quelle forme de doute étonnante ! Le doute ordinaire est plus proche de celui que nous avons évoqué plus tôt, quand, entendant les premiers récits du tombeau vide, les disciples refusaient de croire que Jésus fût ressuscité. En l'absence de preuves, ils ont refusé de croire à ces récits, les taxant de fables de vieilles femmes. Malgré tout, ils ont couru au tombeau pour voir de leurs yeux. Ce n'est pas qu'ils aient d'abord cru et ensuite douté, mais ils refusaient de croire sans preuve suffisante. Ils voulaient s'en assurer par eux-mêmes.

Ce dernier doute néanmoins est différent, et l'excuse n'est pas la même. Plus de la moitié de la journée avait passé, et les éléments de preuve étaient plus qu'abondants. Ils avaient entendu le récit cohérent des femmes, des disciples d'Emmaüs, et de Simon Pierre. Avant que Jésus apparaisse, ils en étaient déjà arrivés à une conclusion : « Le Seigneur est réellement ressuscité[2]. » Mais soudain, maintenant que Jésus est là devant eux, leur foi ne peut plus être seulement implicite : la réalité exige leur adhésion, mais

---

1. Luc 24.41 (*Colombe*; voir aussi *La Bible du Semeur* : « Mais ils étaient si heureux qu'ils ne parvenaient pas à croire... »).
2. Luc 24.34.

sous l'effet de la joie, ils ne croient pas. Voilà la particularité de ce doute : *c'est sous l'effet de leur joie qu'ils ne croient pas.* Ce qu'ils voyaient, c'est ce qu'ils voulaient le plus au monde. C'était précisément le problème. Ils le voulaient tellement, mais la crainte de la désillusion était telle qu'ils préféraient encore la sécurité du doute au risque de la déception.

Comment expliquer autrement cette « incrédulité sous l'effet de la joie » ? Ils ne pouvaient pas nier que Jésus fût vivant, et il n'était plus possible de faire passer cette apparition pour un conte ou un mirage. Ils étaient loin d'être les derniers des sceptiques ou des philosophes modernes rompus aux dernières théories de la pensée critique. C'étaient des hommes terre-à-terre, habitués aux réalités de la vie de tous les jours, vivant dans un monde où l'on croit ce qu'on voit. Mais pour une raison ou une autre, ils rejetaient les preuves que leur apportaient leurs yeux et leurs oreilles et préféraient ne pas croire. Le doute constituait en quelque sorte une couverture d'assurance qui les protégeait contre d'éventuelles déceptions.

Les disciples étaient des hommes aguerris, pour qui la vie avait été tout sauf facile. Toutefois, l'expérience de la crucifixion avait été déchirante au-delà de tout ce qu'ils auraient pu imaginer. Tout autour d'eux ne gisaient que les débris de leurs rêves en miettes, et leur moindre espoir avait été englouti dans le naufrage. Jour après jour, heure après heure, ils avaient dû passer en revue tous les événements dans leurs moindres détails, mais chaque fois, ils ne rencontraient que l'impasse de la croix ensanglantée et de la tombe scellée. Et puis, peu à peu, la plaie ouverte de leurs souvenirs avait dû cicatriser. Ils avaient dû petit à petit songer à retourner à leurs préoccupations quotidiennes.

C'est à ce moment précis que Jésus leur était apparu, les prenant sur le vif avant que le passage du temps ait fait son œuvre anesthésiante. Il se tenait ainsi devant eux, incarnant tout ce qu'ils espéraient, mais par peur d'être déçus, ils préféraient le doute à la joie qu'ils pourraient éprouver à l'annonce qu'il était vraiment vivant. Ce que leur disait leur doute, c'est que c'était trop beau pour être vrai : ils protégeaient ainsi leur blessure et évitaient le risque de la voir se rouvrir. Ce dont ils rêvaient était un rêve de trop, de sorte que « sous l'effet de la joie », ils préféraient ne pas croire.

Ce doute provient de la peur d'être blessés alors que les cicatrices d'anciennes blessures ne sont pas encore refermées. C'est l'une des formes de doute à laquelle plusieurs d'entre nous sont enclins. N'avons-nous pas tous des blessures ? Ne vivons-nous pas tous avec des conflits non résolus ou inconscients ? Ce n'est pas que nos conflits ou nos cicatrices soient nécessairement des plaies ouvertes, visibles aux yeux de tous, mais même si elles sont invisibles, nous savons qu'elles sont là, et nous savons instinctivement la douleur que provoquerait leur réveil.

Parfois, le simple souvenir d'une ancienne douleur suffit à la raviver. Ce qui signifie que même si nous sommes venus à Christ, et que nous sommes profondément convaincus par la foi, il y a toujours un endroit caché que nous soustrayons à la guérison, un endroit que nous gardons secret. Dès lors, si faire confiance implique de nous ouvrir, si croire implique d'être vulnérables, alors nous préférons douter plutôt que de prendre le risque de la foi.

UN DOUTE SI MODESTE

Ce type de doute a deux caractéristiques distinctes. La première est la forme d'argumentation et le ton qu'il prend. Ici, pas de mécontentement ni de récriminations, pas d'intellectualisme critique comme dans d'autres formes de doute qui cherchent des excuses. Au départ, ce genre de doute peut paraître si attrayant et si poli qu'on le reconnaît à peine. Néanmoins, au cœur de ce doute, il y a cette insinuation que la Parole de Dieu est trop belle pour être vraie. La *Bible en français courant* traduit le verset ainsi :

«Comme ils ne pouvaient pas encore croire, tellement ils étaient remplis de joie et d'étonnement...» Cette formulation a presque l'air d'un euphémisme, au point qu'il semblerait malvenu d'y voir une critique.

L'insinuation du doute peut s'exprimer de manière triste et mélancolique, ou à la manière d'une sorte d'excitation qui n'ose pas aller jusqu'au bout. Mais le résultat est le même. Les gens qui doutent de cette manière voient très bien comment d'autres pourraient bénéficier de l'Évangile, mais pour eux-mêmes, tout paraît trop beau pour être vrai. Ils ont l'air si humbles lorsqu'ils se prétendent indignes d'une telle vérité, mais cette humilité n'est en fait qu'un écran de fumée qui cache un problème plus profond : ce n'est pas tant qu'ils en soient indignes, mais plutôt qu'ils ne sont pas prêts à croire.

Chaque fois, au moment crucial, ces personnes hésitent à croire alors qu'elles en ont le plus besoin et envie. Ce n'est pas une coïncidence. La blessure psychologique du doute se joue à l'endroit du conflit entre le désir et la peur de croire. Celui qui doute prétend que la vérité, même désirable, n'est pas assez crédible, alors qu'en fait, le problème véritable est ailleurs : l'enjeu consiste à dissimuler et protéger une blessure plus profonde, au point que tout ce qui pourrait paraître désirable ou crédible doit être radicalement rejeté, même si c'est à contrecœur.

Une seconde caractéristique de ce genre de doute est qu'il est autodestructeur. Tristement, ceux-là mêmes qui doutent sont ceux qui en souffrent le plus : par peur de croire, ils ne parviennent pas à croire à ce en quoi ils auraient besoin de croire, et ils sont les seuls perdants dans l'affaire. Certaines catégories de doute ne touchent pas à des éléments centraux de la foi. Ces doutes-là sont paradoxalement très vite pris au sérieux parce que la foi peut les aborder tout en conservant son intégrité. Cependant, ce dernier doute est très différent : les enjeux qu'il soulève touchent au cœur de la foi, et leur solution est essentielle à la survie de la foi.

La plupart des doutes que nous avons étudiés jusqu'ici poussent les individus à chercher des excuses pour continuer à douter. À bout de force, ceux qui sont aux prises avec ce genre de doute peuvent être conduits à rejeter intégralement la foi au nom d'une certaine liberté retrouvée. Or ce doute, s'il reste une excuse, n'en est pas moins pervers : il ne conduit pas à plus de liberté, mais à plus de frustration. Ceux qui doutent restent sceptiques alors même qu'ils rêvent d'une certitude. Ils reculent au moment où ils aimeraient sauter ; ils feignent l'indifférence alors même qu'ils aimeraient adhérer à la vérité, ils rejettent cela même qu'ils aimeraient accepter.

UN DOUTE PERVERS

Ce qui a permis à ce doute de s'installer est souvent un conflit ou une expérience passée non résolue, que nous avons laissé prendre le contrôle de nos vies à la place de Dieu. Au lieu de regarder le problème avec les yeux de la foi, ceux qui doutent ainsi regardent la foi avec les yeux du doute. Au lieu que la foi prenne la mesure du problème, c'est la situation qui finit par prendre le dessus sur la foi et la restreindre. Le monde de la foi est renversé, et dans le maelström du doute, un problème a pris la place de Dieu, et Dieu est devenu un problème.

Et si ce doute est devenu assez grand pour prendre ainsi la place de Dieu, il doit être pris très au sérieux. Mais à l'inverse, une fois résolu, il reprend ses proportions originales, et il perd l'importance cruciale qu'il avait. Il n'empêche que ce doute est extrêmement pervers. En effet, celui qui est tenté par ce doute sera attiré par des problèmes insolubles – ou du moins réputés tels – et donc susceptibles de revêtir suffisamment d'importance pour l'obséder, au point de remplacer Dieu dans ses réflexions.

C'est pourquoi les gens qui se définissent selon les problèmes qu'ils ont à affronter ont tendance à les hypertrophier. Si le problème est petit, ils peuvent admettre d'un point de vue psychologique qu'ils ont un problème. Toutefois, au fur et à mesure que le problème grandit, il atteindra ce point crucial où ils doivent admettre que ce n'est pas eux qui ont un problème, mais que c'est le problème qui les contrôle.

« Je suis l'Éternel ton Dieu... tu n'auras pas d'autre dieu que moi[3]. » Il ne s'agit pas là seulement de bonne théologie, mais de bonne psychologie également. Tout ce qui dans nos vies prend une place plus importante que Dieu sur le plan pratique finit par devenir notre dieu. Et puisque nous devenons ce que nous adorons, laisser un problème insoluble devenir un dieu pour nous est le meilleur moyen de nous condamner à l'échec. Prêter l'oreille à ce genre de doute revient à introduire un cheval de Troie dans l'enceinte de la ville. Ce doute prétend offrir une protection contre la douleur alors qu'en fait il est le seul obstacle à la guérison. Il se présente comme la meilleure assurance pour couvrir la foi, mais il protège tellement la foi qu'il l'étouffe. Comme le disait Shakespeare dans *Mesure pour mesure* : « Nos doutes sont des traîtres – qui nous font perdre une victoire que nous pourrions souvent gagner – par la crainte d'une tentative[4]. »

Ce doute peut faire pire : non seulement il peut instiller en nous la peur, mais au nom de son orgueilleuse suprématie, il peut faire surgir ce que nous craignons le plus.

Cette sorte de doute peut fonctionner ainsi parce qu'une expérience – mauvaise de surcroît – a acquis le statut d'un absolu, de sorte que ce qui a pris une importance décisive dans notre vie

---

3.   Exode 20.2,3
4.   William Shakespeare, *Mesure pour mesure*, acte I, scène 4.

n'est pas Dieu, mais une mauvaise expérience qui déteint sur tous les aspects de notre vie. Augustin disait : « Mais comme il arrive que pour avoir tâté d'un mauvais médecin on craint de se confier même à un bon[5]. » Après avoir fait l'expérience d'un mauvais médecin, il est logique de vérifier les références des médecins, mais pour autant, il serait ridicule de ne plus se fier à aucun médecin. De même, après s'être fait refiler un faux billet, il est logique de rester sur ses gardes, mais il serait insensé de refuser d'avoir recours à l'argent. Pourtant, tel est le pouvoir d'échec de ce type de doute.

TROP BEAU POUR ÊTRE VRAI

Pour beaucoup, cette sorte de doute est presque une question de tempérament, qu'il soit inné ou acquis, ou encore qu'il résulte de leurs propres idées noires. Pour d'autres, il est passager. Tout comme Bourriquet, l'âne de *Winnie l'ourson*, ou le loyal, mais sombre Puddleglum des *Chroniques de Narnia*, les personnes en proie à ce type de doute auront toujours le chic pour voir le côté sombre des choses. Après six jours de beau temps dans une semaine, ils se souviendront du seul jour de pluie. La vie a beau leur procurer des plaisirs, des joies et des succès, mais ils ont l'impression que ces choses n'arrivent qu'aux autres.

Ils ne sont pas des rabat-joie, malheureux du bonheur des autres : au contraire, ils sont sincèrement heureux pour les autres, mais comme pour prouver que le bonheur n'arrive qu'aux autres. Ce doute se nourrit ainsi de leur impossibilité à risquer d'être heureux : ils ont besoin d'être malheureux pour être heureux, et ils sont toujours à l'affût du malheur tapi derrière le bonheur. Plus on leur offre ce qu'ils désirent, plus vite ils soupçonnent le piège. Et lorsqu'ils disent que quelque chose est trop beau pour être vrai,

---

5. Augustin, *Les Confessions, op. cit.*, p. 111.

il y a fort à parier qu'ils le trouvent beau et vrai, mais que pour une obscure raison, ils ne le méritent pas.

Que penser de quelqu'un qui gagnerait à la loterie après des milliers d'essais, et qui irait donner son billet à son voisin en étant persuadé qu'il a mal relevé les numéros? Pourtant c'est bien ce dont il rêvait : les milliers de grilles remplies en sont la preuve. Mais maintenant que son rêve se réalise, c'est trop beau pour être vrai. «Mieux vaut ne pas trop s'enflammer, mieux vaut ne pas trop y penser; il y aura toujours le plaisir de recommencer.» Finalement, il opte pour le plaisir d'essayer plutôt que pour le gain lui-même. Nous serions certainement très étonnées d'un tel comportement, mais la logique de ce doute, pour compréhensible qu'elle soit, n'en est pas moins ridicule.

Pour d'autres, ce type de doute n'est pas une question de tempérament, mais il découle d'une expérience passée ou d'un conflit profondément enfoui. Notre génération si violente est une génération blessée et qui blesse, et peu d'entre nous n'ont pas vécu d'expériences capables de susciter pareil doute. Un de mes amis a rêvé toute sa vie de trouver l'amour de Dieu comme Père, mais chaque fois qu'il s'en approche, il le met en échec par peur d'un tel amour. Une telle réaction émane non seulement de l'expérience de l'amour pervers de son père, mais de son refus persistant à lui pardonner. Ainsi l'amour de Dieu continue à être trop beau pour être vrai à ses yeux. Ce qui était au départ un doute compréhensible et même justifiable s'est transformé en une excuse pour s'apitoyer sur son sort, un pansement mal ajusté pour couvrir une plaie purulente. Le problème n'est pas que Dieu ne serait pas fiable ou crédible, mais que la confiance en Dieu représenterait une ouverture au risque qui l'amènerait à renoncer à ses griefs et à ses droits à l'apitoiement sur soi.

Parfois, un tel doute requiert l'intervention d'un psychiatre ou d'un thérapeute pour aller au fond du problème et résoudre le conflit sous-jacent. Néanmoins, un tel doute agit souvent à des niveaux moins profonds. Par exemple, cette femme éprise de philosophie qui, au moment de croire, hésite, prise entre le désir de croire que la vérité de Dieu est l'objet de sa quête existentielle et la crainte que ce soit trop beau pour être vrai. Elle ne doute pas parce que ce serait moins beau ou moins vrai que ce qu'elle imagine, mais parce que les contacts qu'elle a eus avec des chrétiens jusqu'ici lui ont montré que la foi implique un suicide intellectuel dont la seule pensée la fait frémir. Ce qu'elle désire ne laisse aucun doute, et l'enjeu n'est pas de savoir lequel est vrai. Dans sa joie, et par crainte du risque, elle ne parvient pas à croire.

La plupart d'entre nous ont fait l'expérience de telles blessures. Pour certains, c'est une blessure d'enfance, pour d'autres, l'échec d'un mariage, pour d'autres encore le souvenir d'un moment de honte, de peur ou d'une douleur. Nous avons tous nos souvenirs douloureux, et lorsque la foi vient raviver ou mettre à jour des conflits sous-jacents, nous préférons reculer et nous réfugier dans le confort du doute plutôt que d'affronter le risque de la confiance.

Certaines personnes par exemple ont une profonde angoisse à l'égard de Dieu, tout comme vis-à-vis de la vie entière, qui les renvoie à d'anciennes expériences d'abandon ou de mauvais traitements dans leur enfance. D'autres, par manque d'estime d'eux-mêmes souffrent d'anxiété et sont incapables de lâcher prise et de laisser Dieu prendre les commandes. D'autres encore se coupent de leurs sentiments en développant à l'extrême une foi militante et intellectuelle, et ils se découvrent vulnérables au doute quand leur activisme est stoppé en plein élan ou quand leurs preuves rationnelles de l'existence de Dieu sont réduites à néant par des arguments auxquels ils ne trouvent pas de réponse. D'autres enfin sont tellement perfectionnistes qu'ils ne peuvent ressentir l'amour de Dieu à moins d'avoir fait quelque chose pour le mériter : la notion d'amour inconditionnel les dépasse tout simplement.

Chacun de ces exemples nous montre à quel point notre passé joue un rôle décisif dans la manière dont nous croyons. Leur doute n'était pas d'ordre philosophique, mais psychologique. Ce qui ne veut pas dire que ces personnes soient tristes ou déprimées, loin de là. La plupart du temps, elles ne montrent pas le moindre signe de tristesse ou même de doute – sauf lorsque leurs vieilles blessures se réveillent ou qu'elles sont mal cicatrisées : pour le reste, leur foi est indéfectible, prête à relever tous les défis.

C'est pourquoi les moments de crise arrivent la plupart du temps comme une surprise totale, à rebours de tout ce que l'on pouvait imaginer. Pourquoi quelqu'un qui a cherché Dieu pendant des années virerait-il au cynisme et à l'hostilité au moment de se convertir? Pourquoi une jeune femme qui ne rêve que de se marier refuserait-elle une proposition de mariage? La raison en est que tous deux sont déchirés entre l'envie de croire et la peur d'être déçus, et que ce conflit prend la dimension d'une véritable crise psychologique qui ravive de vieilles blessures. Tous deux, «sous l'effet de la joie», se rétractent.

DES REMÈDES À COURT ET À LONG TERME

Y a-t-il un remède à un doute si subtil? De prime abord, on pourrait en douter : toute solution paraît vouée à l'échec tant ce type de doute est paradoxal. Suggérer à quelqu'un de croire est aussi inutile que de dire à une personne déprimée qu'elle devrait se secouer, ou de pousser quelqu'un à sortir alors que justement il a tout sauf envie de rencontrer du monde. Le doute peut avoir l'air ridicule aux yeux de la foi dans la mesure où le doute est un refus de ce dont rêve justement la foi. Néanmoins, le doute considère également le fait de croire comme ridicule. De sorte que la seule issue possible doit en être une qui court-circuite le cercle vicieux du doute.

Ce doute, comme les autres, doit être combattu avec ses propres armes. Aucun argument rationnel ne fera le poids face à celui qui doute par manque de gratitude et en oublie « ce qui fut et aurait pu être » (comme nous l'avons vu au chapitre 3). De même, face à celui qui doute parce que sa foi manque de fondements, aucun encouragement ne remplacera les arguments rationnels nécessaires à établir une bonne compréhension de la foi. Fondamentalement, les doutes psychologiques devraient avoir les mêmes remèdes que les doutes émotionnels dans la mesure où ils sont eux aussi subjectifs. La blessure originelle est bien sûr réelle et objective, mais elle n'est pas en soi la cause du doute : le doute résulte bien plutôt de la manière dont la blessure est considérée et de la place qui lui est donnée. Il s'agit là des aspects subjectifs de ces deux types de doute, qui doivent être traités comme tels : par des remèdes à long terme et à court terme.

Les conflits non réglés et les blessures non traitées ont des conséquences à long terme qui ont besoin de guérison pour que la foi puisse être restaurée. Le meilleur remède à long terme consiste à se souvenir que Dieu est lumière et qu'il nous appelle à marcher « dans la lumière comme il est lui-même dans la lumière[6] ». Nous sommes appelés à être ouverts dans notre relation à Dieu et aux autres : une telle ouverture ne signifie pas seulement le pardon constant de nos péchés, mais il implique d'être ouverts et honnêtes quant à nos conflits et nos blessures. Si nous nous engageons sur ce chemin, nous laisserons Dieu prendre sa place et prendre soin de nos blessures, de nos conflits, de nos chagrins et de nos péchés – en fait de tous nos problèmes.

Ce que promet la Croix n'est pas un « miracle à bon marché » ou une « guérison instantanée ». La guérison dont il est question est une opération profonde et radicale du cœur humain. Pour certaines

---

6.   1 Jean 1.7 (*LSG*).

personnes, la guérison sera quasi complète, alors que pour d'autres, l'amélioration sera notable, mais en tous les cas satisfaisante. Ce qui conduit au doute n'est pas tant la douleur de la blessure que le souvenir de la douleur ; pas tant la blessure non traitée que la blessure que l'on refuse de traiter, le conflit que l'on refuse de reconnaître. Une plaie refermée n'offre plus d'ouverture au doute ; de même, une blessure en voie de guérison n'offre pas de prise au doute si la force qu'on en tire se double d'une véritable compréhension de la manière dont le doute pourrait frapper à nouveau.

La solution à court terme n'est pas simple non plus, mais il y a deux choses importantes à garder à l'esprit lorsque l'on vient en aide à une personne en proie à ce genre de doute. La première consiste comme chaque fois à bien identifier le doute. Le doute non identifié est celui qui cause le plus de dégâts dans l'esprit humain : non identifié, parfois non identifiable, le doute se tient en embuscade, tapi dans l'inconscient comme une bête aux aguets, et son potentiel de destruction est infini. Comme le dit un proverbe chinois : « L'esprit qui doute voit beaucoup de fantômes. » Ainsi, il est capital d'identifier le doute et de le nommer, de le mettre en perspective et d'en exorciser les fantômes, comme il est capital de pouvoir en spécifier les contours, pour le démasquer et l'identifier le plus possible. Cette première démarche en elle-même ne guérit pas du doute, mais elle permet à celui qui doute de le regarder en face et d'éviter qu'il ne fasse plus de dégâts qu'il en fait déjà.

Dans la mesure où ce type de doute n'a pas de cause objective, il est d'autant plus important de pouvoir l'identifier de manière précise. Une fois que celui qui doute a compris que ce type de doute constitue un obstacle momentané, mais non définitif à la fois, le problème prend une tout autre dimension. Ainsi, le problème a moins à voir avec le contenu de la foi ou la façon de croire, qu'avec la personne même de celui qui croit. C'est une chose de penser qu'un problème ne concerne personne d'autre que nous-mêmes et de n'y porter aucune attention, et c'en est une autre de mesurer à quel point il est capital d'y voir aussi rapidement que possible. Le danger n'est pas que la personne doute que la vérité existe, mais qu'elle se persuade qu'elle n'en a pas besoin : on mesure ici la responsabilité de celui qui doute.

LES FANTÔMES NE PRENNENT PAS LA PEINE DE DÉJEUNER

Deuxièmement, il est important de se souvenir que le cercle vicieux du doute est d'autant mieux brisé qu'il est court-circuité. Ce type de doute n'est pas dénué d'une certaine logique, mais il repose sur des présupposés fragiles. Et comme il trouve principalement sa source dans des blessures et des conflits, ce n'est pas de plus d'arguments dont il a besoin, mais d'un nouveau souffle, d'un nouveau contexte et d'une nouvelle mise en perspective qui jette un nouvel éclairage sur les faits et permette à la foi de reprendre vie.

La réponse à la mauvaise humeur n'est pas une tape dans le dos, mais un peu plus d'humour. Nous sommes parfois si déprimés que nous sommes incapables de rire, et la seule chose dont nous soyons capables est un sourire forcé. Pourtant, la force de l'humour est telle que, déjouant nos défenses rationnelles, il nous prend parfois par surprise, et nous nous trouvons à éclater de rire malgré nous. Il en va de même avec le doute : ce qu'il faut parfois, c'est simplement d'être frappé par une évidence qui gagne immédiatement l'adhésion de la foi.

C'est ce que Jésus a fait avec ses disciples. Lorsqu'ils refusaient de croire ce que leurs yeux voyaient, il ne les a pas réprimandés et n'a pas cherché à les éblouir à coup de miracles : il a simplement pris un poisson et mangé devant eux. Ils ont été ainsi ramenés naturellement et simplement à la foi, comme par surprise. Après tout, c'est ce qu'ils l'avaient vu faire maintes et maintes fois. Les fantômes n'ont pas pour coutume de prendre de petit déjeuner : c'est ce qui les a convaincus que Jésus était bien vivant.

Combattre ce genre de doutes par des solutions de type « Il suffit de croire » revient à combattre un argument par un autre de même nature, sans y apporter de véritable remède ni de réconfort. À l'inverse, montrer avec douceur à celui qui doute en quoi consiste son doute l'amènera à entrevoir la grâce suffisante de Dieu lui-même. Notre rôle consiste à répondre avec patience et compassion et à laisser la vérité opérer jusqu'à trouver son propre accomplissement, telle une source qui viendrait inonder celui qui doute, et susciter en lui cette foi et cette repentance qui court-circuitent le doute.

Tout comme des spectateurs qui prennent soudain conscience d'être observés par d'autres spectateurs, celui qui doute vit alors un véritable renversement : jusque-là, il se voyait au centre de son problème, à se demander s'il serait capable de croire en Dieu, alors que maintenant, c'est à genoux qu'il se voit interpelé, à décider si Dieu est assez grand pour qu'il croie en lui.

Quand Dieu est perçu pour qui il est, les termes du problème changent jusqu'à se dissoudre. Et ce changement du cœur et de l'esprit est la façon mystérieuse qu'a le Saint-Esprit d'amener la repentance et la foi à celui qui doute.

Ainsi, lorsque le doute se dissipe et que la foi reprend ses droits, l'émerveillement de la foi ainsi renouvelée est à la mesure de l'absurdité du doute qui l'a précédée. Loin d'être trop beau pour être vrai, il n'y a au contraire rien de plus beau et de plus vrai. Dieu révèle ainsi sa bonté, plus grande que nos plus grandes peurs, et même plus grande que nos rêves les plus fous. L'incrédulité de la surprise cède ainsi le pas à la joie de la surprise.

TROISIÈME PARTIE

DEUX QUESTIONS BRÛLANTES

CHAPITRE 10

POURQUOI, Ô SEIGNEUR ?

LE DOUTE PROVENANT DE LA
PRESSION DU MYSTÈRE

Au cours de la première partie, nous avons examiné la nature du doute, puis passé en revue sept catégories de doute dans la deuxième partie. Il y a toutefois deux formes de doute dont nous n'avons pas parlé jusqu'ici : deux formes si répandues – et si profondes – que ce serait céder à la facilité que de ne pas les aborder de front. Ces deux formes de doute relèvent de deux questions très simples, mais qui se révèlent être un véritable supplice pour ceux qu'elles hantent : «Pourquoi, ô Seigneur?» et «Combien de temps encore, ô Seigneur?»

Le premier de ces doutes, le doute inquisiteur, est lié à ce que l'on pourrait appeler «la théologie par le trou de la serrure». Bien avant l'ère de l'électronique et de l'écoute par satellite, les trous de serrure représentaient une source d'information capitale dans les enquêtes policières : sans serrure, le mystère restait entier, gardé comme dans un coffre-fort. Mais grâce au trou de la serrure, le détective (et le spectateur-lecteur par la même occasion) avait un aperçu de ce qui se passait derrière la porte close. Et plus d'un procès reposait sur ce qu'avait pu entendre ou apercevoir un témoin caché derrière une porte.

Toutefois, les trous de serrure peuvent aussi être trompeurs : le peu qu'ils révèlent peut être d'une importance vitale, mais hors contexte, cela peut tout aussi bien mener à de fausses interprétations. Et si la personne n'était pas seule? Et si un troisième homme se tenait dans l'ombre, hors de vue? Qui est-il? Que dit-il? Il est facile de tirer des conclusions erronées à partir de preuves partielles. Et l'on finit par être encore plus éloigné de la vérité.

Franz Kafka le décrit très bien dans son fameux roman *Le Château* où les serviteurs, désespérés après tant d'efforts infructueux pour outrepasser les méandres de la bureaucratie qui entoure le cœur du château, en viennent, pour masquer leur humiliation et leur désespoir, à échafauder des théories aussi absurdes que pathétiques, à inventer un monde fantasmatique et illusoire où les conjectures remplacent les preuves, où les raisonnements se construisent sur des silences, et les conclusions se déduisent d'un simple regard ou d'un sous-entendu.

Comme K, le héros, le confie à Pepi : «Vous aimez, vous autres, femmes de chambre, espionner par le trou de la serrure, et vous en conservez l'habitude de conclure d'un détail vrai que vous avez vu, à tout l'ensemble, par un raisonnement aussi grandiose que faux[1].»

Le problème, avec les trous de serrure, c'est qu'on n'y voit pas assez pour en tirer les bonnes conclusions, mais qu'une fois qu'on a regardé au travers, il est difficile de résister à la tentation d'en inférer les hypothèses les plus saugrenues. C'est là l'erreur fondamentale au cœur de ce type de doute : il arrive que nous ayons un aperçu partiel des voies de Dieu, mais trop restreint pour en tirer les bonnes conclusions quant à ses desseins. Toutefois, au lieu de suspendre notre jugement, nous nous entêtons à vouloir percer le mystère. Et c'est là que nos conclusions erronées nous amènent

---

1.   Franz Kafka, *Le Château*, Paris, Gallimard, 1983, p. 335.

à une image tellement faussée de Dieu que nous finissons par douter de lui.

SUSPENDRE LE JUGEMENT, MAIS PAS LA RÉFLEXION

Que signifie pour la foi de suspendre son jugement? Est-ce une forme déguisée d'irrationalisme qui se manifeste à une heure plutôt tardive? Le doute naît-il en fin de compte d'un excès de réflexion? De toute évidence, ce n'est pas le cas, et nous espérons avoir suffisamment montré le contraire au cours des chapitres précédents.

Au contraire, nous avons vu que la plupart des doutes ont plus à voir avec un défaut de raisonnement qu'un excès de réflexion. Dans chacun des cas que nous avons explorés, c'est une réflexion résolument critique et sincère qui a permis d'avancer en direction d'une solution au problème. Réfléchir sans parvenir à comprendre est une chose, ne pas réfléchir et s'empêcher de comprendre en est une autre, et aucun esprit exigeant n'en restera là. Si la foi par laquelle elle vit ne lui laisse pas de liberté de mouvement, la raison ainsi entravée trouvera un moyen de prendre sa revanche. Un esprit affûté, étouffé par une foi mal assurée ne peut qu'être rongé peu à peu par l'insécurité, la culpabilité, le fanatisme ou le doute.

Une foi chrétienne solide et authentique ne peut qu'apporter son soutien à une rationalité sincère. Nous devons toutefois nuancer : la foi chrétienne plus que toute autre a toujours fait une place à la raison, mais plus que toute autre aussi, elle lui assigne ses limites. Ce n'est qu'à ses limites que l'on mesure la valeur d'une chose : une valeur illimitée attribuée à un objet lui fait perdre toute sa valeur. Il en va ainsi autant du pétrole que de la raison.

C'est pourquoi la foi chrétienne est foncièrement rationnelle, mais pas pour autant rationaliste. Paradoxalement, c'est le rationalisme qui conduit au rejet de la raison – et non pas la foi chrétienne. À oublier les limites de la raison, nous nous exposons ironiquement à devoir apprendre cette leçon simple : plus nous refusons les limites, plus nous y perdons ; il y a en fait plus à gagner à accepter les limites.

Nous avons montré tout au long de cet ouvrage combien la foi chrétienne est une croyance fondée et dès lors profondément rationnelle. Cela signifie que nous avons eu suffisamment de raisons au départ de croire en Dieu, de lui donner cet assentiment initial, mais il n'en va pas forcément de même dans toutes les situations de la vie qui nous attendent. Nous sommes limités et nous vivons dans un monde déchu, et il faut admettre qu'il y aura toujours des mystères qui resteront opaques pour les chercheurs que nous sommes, pour curieux et persévérants que nous soyons. Nous voyons ainsi de façon confuse, comme au travers d'une vitre teintée ou partiellement, comme au travers d'un trou de serrure. Cela ne veut pas dire qu'il serait rationnel d'en arriver à croire et irrationnel de continuer à croire, comme si les progrès de la foi se traduisaient par un abandon de la raison. C'est plutôt que nous avons toujours suffisamment de raisons d'avoir confiance en Dieu, mais que nous ne comprenons pas toujours ce que fait Dieu et pourquoi.

Autrement dit, la rationalité de la foi est résolument à l'opposé de l'absurde, mais elle n'exclut pas le mystère pour autant, et elle sait faire la différence entre les deux. Le reproche que la foi chrétienne peut adresser au rationalisme n'est pas son excès de raison, mais plutôt qu'il n'a guère que cela à offrir. Lorsque les croyants viennent à la foi, leur compréhension et leur confiance avancent de pair, mais alors qu'ils progressent dans la foi, il peut arriver que leur confiance doive avancer seule sur le chemin, sans la compréhension.

C'est là où la suspension du jugement entre en jeu. Pour que la foi reste intacte et que Dieu reste Dieu, il arrive dès lors qu'il faille suspendre son jugement et dire : «Père, je ne te comprends pas, mais je te fais confiance. »

Notons la nuance. Le chrétien ne dit pas : «Je ne te comprends pas, mais je te fais confiance de toute façon. » Il dit plutôt : «Je ne te comprends pas dans cette situation, mais je sais pourquoi je te fais confiance ; c'est pourquoi je peux avoir confiance que tu comprends, même si moi je ne comprends pas. » Le premier raisonnement est un aveu d'échec face à un mystère qui échappe à la raison et donc frise l'absurde ; le second est l'affirmation de la rationalité de la foi marchant main dans la main avec le mystère de la foi.

La suspension du jugement n'est pas l'apanage des chrétiens. La tradition juive relate sous la forme d'un midrash la rencontre entre le prophète Élie et le rabbin Jachanan :

> Ils marchèrent toute la journée, et à la nuit tombée, ils gagnèrent l'humble demeure d'un homme pauvre qui ne possédait pour seul trésor qu'une vache. L'homme courut hors de sa chaumière, suivie de sa femme, pour accueillir les étrangers pour la nuit et leur offrir l'hospitalité toute simple qu'ils étaient en mesure de leur procurer dans leur situation précaire. Élie et le rabbin furent reçus avec de grands bols de lait de la vache, nourris de pain fait maison et de beurre frais, et on leur offrit le meilleur lit alors que leurs hôtes bienveillants s'installèrent devant la cheminée de la cuisine. Le matin venu, la vache du pauvre était morte...

> Ils firent route ensemble toute la journée du lendemain et ce n'est qu'au soir qu'ils parvinrent à la maison d'un très riche marchand dont ils avaient tant désiré l'hospitalité. Or, ce marchand était fier, riche et distant, et le seul accueil qu'il consentit à offrir au prophète et à son compagnon fut de les installer dans une étable et de les nourrir de pain et d'eau. Au petit matin, cependant, Élie le remercia vivement pour ce qu'il avait fait

et en reconnaissance pour sa gentillesse, envoya chercher un maçon pour réparer un de ses murs, qui était sur le point de s'effondrer.

Le rabbin Jachanan, incapable de garder le silence plus longtemps, supplia le saint homme de lui expliquer la signification de ses rapports avec les êtres humains.

«En ce qui concerne le pauvre qui nous a reçus avec une telle hospitalité, répondit le prophète, il avait été décrété que sa femme devait mourir cette nuit-là, mais en récompense de sa bonté, Dieu a pris la vache au lieu de la femme. J'ai fait réparer le mur de l'avare riche, car un coffre d'or était dissimulé près de cet endroit, et si l'avare l'avait réparé lui-même, il aurait découvert le trésor. Dès lors, ne demande pas au Seigneur Dieu "Que fais-tu?", mais dis en ton cœur "Le Seigneur ne fait-il pas ce qui est juste?"»

(Traduction libre.)

En effet, c'est ce que nous devrions tous pouvoir nous dire en notre cœur. Ainsi, la suspension du jugement n'est pas quelque chose d'irrationnel. Ce n'est pas un saut dans le vide, mais une marche dans la foi. Comme croyants, nous n'avons pas toujours la clé du pourquoi, mais nous pouvons toujours savoir pourquoi nous faisons confiance en Dieu qui lui sait pourquoi, et c'est ce qui fait toute la différence.

CELUI QUI CONNAÎT LE « POURQUOI » PEUT SUPPORTER LE « COMMENT »

Cette suspension du jugement comporte un inconvénient majeur : ce qui paraît éminemment raisonnable en théorie se révèle beaucoup plus difficile dans les faits. Dans la pratique, la pression du mystère agit sur la foi comme du papier abrasif sur une plaie. Ce n'est pas seulement que nous *aimerions* savoir ce que nous ignorons, c'est ce sentiment que nous *devons* savoir ce que nous ne pouvons pas savoir. Dans le premier cas, parce que notre curiosité n'est pas satisfaite, nous éprouvons de la frustration ; dans le second, nous éprouvons de l'angoisse. Plus précisément, moins nous avons d'éléments de compréhension au moment où nous accédons à la foi, plus nous aurons besoin de tout comprendre par la suite. Si nous ne savons pas pourquoi nous croyons en Dieu au départ, alors nous aurons tendance à vouloir constamment savoir ce que Dieu fait et pourquoi il le fait, avant de pouvoir lui faire confiance. Sans cette compréhension, nous avons le sentiment de ne pas pouvoir continuer à lui faire confiance, comme si tout ce que nous ne comprenons pas venait faire obstacle à la confiance.

Si à l'inverse nous savons pourquoi nous avons cru en Dieu, nous serons en mesure de lui faire confiance dans des situations que nous ne maîtrisons pas et où nous ne comprenons pas ce que Dieu fait. Car si l'action de Dieu peut parfois paraître ambiguë, elle n'est jamais en elle-même contradictoire. Elle peut nous sembler mystérieuse, mais alors que le mystère est insondable, seul l'absurde est insupportable.

Pour prendre une image empruntée à des situations de guerre, les chrétiens se trouvent dans la même position que les habitants d'un pays occupé par une puissance étrangère, «en territoire ennemi» comme le suggérait C. S. Lewis. S'ils résistent, ils se heurtent non seulement à l'ennemi, mais également aux questions lancinantes que soulèvent les ambiguïtés morales propres au seul mode d'opposition qui s'offre à eux.

Les dilemmes et les ambiguïtés inhérentes à de telles situations ont été admirablement saisis dans cette parabole du résistant proposée par le philosophe Basil Mitchell :

Dans un pays occupé, un membre de la résistance rencontra un soir un Étranger qui l'impressionna vivement. Au terme de la nuit qu'ils passèrent à discuter, l'Étranger révéla au partisan qu'il était lui-même du côté de la résistance – qu'il en était même le chef – et l'enjoignit de lui faire confiance quoi qu'il pût arriver. Le partisan, convaincu de la sincérité de l'Étranger, s'engagea à lui faire confiance.

Ils ne se revirent jamais dans de telles circonstances, mais de temps à autre, on rapportait que l'Étranger avait été vu en train d'aider des résistants. Et chaque fois, le partisan reconnaissant ne manquait pas de témoigner auprès de ses camarades qu'il le connaissait et qu'il était effectivement de leur côté. Parfois, l'Étranger était surpris en uniforme de policier en train de remettre des habitants aux autorités de l'Occupation. Les membres de la résistance, en proie au doute, s'adressaient alors au partisan qui leur répétait qu'il était de leur côté, confiant, malgré les apparences, que l'Étranger ne l'avait jamais trompé. Lorsqu'il demandait de l'aide à l'Étranger, parfois il en recevait – et il en était reconnaissant – parfois, elle lui était refusée, ce à quoi il répondait : « L'Étranger sait ce qui est mieux[2] ».

Une situation pareille est une épreuve de guerre pour la foi, et parler de la différence entre ambiguïté et contradiction peut paraître pour le moins académique pour ne pas dire inconfortable. D'autres questions semblent plus importantes. Dieu est-il vraiment de notre côté? Comment le reconnaître s'il agit de manière déguisée? Le fait qu'il semble agir sous les traits de l'Ennemi n'entretient-il pas la confusion? Pourquoi paraît-il parfois afficher les couleurs ennemies? Puis-je lui faire aveuglément confiance? N'avons-nous pas aussi besoin de savoir? Et si nous avions été

---

2. Cité par Anthony Flew & Alastair McIntyre, éd., *New Essays in Philosophical Theology*, Londres, SCM Press, 1955, p.103-104 (traduction libre).

dupés, conduits dans un piège, trompés, trahis ? Pouvons-nous avoir confiance en un Dieu qui se conduit comme un prestidigitateur, se déguisant à volonté, utilisant les tours de passe-passe les plus sophistiqués ? Comment pouvons-nous continuer à lui faire confiance s'il ne montre pas un minimum de stabilité et de cohérence ? Comment savoir qu'il est différent de ces dieux de l'Orient qui transforment la réalité en une mascarade illusoire et la personnalité humaine en autant d'avatars du divin ? Bref, comment savoir que nous pouvons avoir confiance en Dieu ?

LE CHEF DE LA RÉSISTANCE SAIT CE QUI EST MIEUX

Fondamentalement, les problèmes que rencontrent les croyants sont de deux ordres : Dieu existe-t-il ? Dieu est-il bon ? Ce sont précisément les réponses à ces questions que le mystère du mal vient mettre à l'épreuve. Si la foi n'est pas suffisamment forte pour suspendre son jugement, elle se verra contrainte de pousser trop loin la raison et la logique, jusqu'à se créer une fausse image de Dieu qui peut prendre deux formes : soit Dieu doit être le diable (c'est l'accusation baudelairienne), soit sa seule excuse serait de ne pas exister (l'accusation stendhalienne).

Beaucoup d'athées s'appuient sur l'argument de la prétendue contradiction entre la justice de Dieu et le mal dans le monde pour justifier une forme extrême d'athéisme. « L'idée de Dieu est le seul tort que je ne peux pardonner aux hommes », disait le Marquis de Sade[3]. Tel est également le dilemme du croyant aux prises avec le monde d'ici-bas. Exprimant la crise existentielle que représentait

---

3.　Cité par Simone de Beauvoir dans *Faut-il brûler Sade ?*, Paris, Gallimard, 1955, p. 66.

l'exil à Babylone pour les Juifs, Jérémie s'exclamait : «Le Seigneur a agi en ennemi, il a englouti Israël[4]. »

Quelle différence y a-t-il entre un Dieu qui se déguise et un Dieu qui nous tromperait? C'est là que la suspension du jugement entre en jeu : face au mystère et plus particulièrement le mystère du mal, le croyant qui a compris au départ pourquoi faire confiance doit aussi être capable de faire confiance lorsqu'il ne comprend pas encore. À court terme, la foi peut ne pas comprendre, mais elle sait qu'elle peut faire confiance à Dieu qui lui, détient les réponses ultimes.

Pour le dire autrement, le Seigneur de toute la terre fait ce qui est juste, le chef de la résistance sait ce qui vaut mieux. Il peut nous apparaître comme un ami désobligeant, un juge injuste ou un père distant, comme Jésus l'a suggéré, mais ce n'est qu'une impression. Il est entièrement digne de confiance parce qu'il est un ami et non un étranger. Jésus en s'adressant à Pierre lors de leur dernier repas lui dit : «Ce que je fais, tu ne le comprends pas pour l'instant, tu le comprendras plus tard[5]. »

Ainsi suspendre son jugement dans de pareilles situations n'est pas irrationnel : cela relève d'une compréhension suffisante et aboutira à une compréhension plus globale. Sur le moment, cela peut nous suffire et nous arrivons à faire confiance. Or, c'est justement dans de telles circonstances que nous aurons à résister aux pressions de notre entourage à porter un jugement. La situation peut nous paraître truffée de contradictions, mais comme nous savons que nous n'avons pas tous les éléments, ce ne serait pas seulement une erreur, mais une folie de vouloir exiger de la raison qu'elle porte un jugement. Pour suivre le conseil de Martin

4.   Lamentations 2.5.
5.   Jean 13.7.

Luther : « La foi devrait fermer les yeux et ne devrait pas juger ou décider selon ce qu'elle voit ou ressent[6]. »

Cette idée de suspension du jugement nécessite deux précisions. En premier lieu, suspendre son jugement ne devrait jamais être confondu avec une sorte de tabou qui porterait sur des questions difficiles. Il n'y a rien de mal à soulever des questions, à débattre et à rechercher des réponses. Pareille entreprise ne tombe pas sous le coup de la suspension du jugement que nous préconisons. Le problème ne réside pas dans l'acte de juger en lui-même : le jugement fait partie des capacités mentales dont Dieu nous a dotés. Le problème n'est pas tant que nous portions des jugements sur Dieu, mais que nous portions des jugements sur la base de prémisses incomplètes. Encore une fois, ce n'est pas une question d'excès de réflexion, mais d'erreur de raisonnement.

Nous pouvons voir comment l'erreur qui consiste à porter des jugements non fondés tourne au blasphème lorsqu'il s'agit de jugements à propos de Dieu. La tentation du doute ne provient pas d'un manque de foi en Dieu, mais d'une croyance en ce que Dieu n'est pas. Le danger vient du fait que nous poussons trop loin la raison spéculative, ce qui nous amène à nous former une image si distordue de Dieu que nous ne pouvons plus sérieusement y croire. Et croire faussement débouche inévitablement sur l'incrédulité. Nos conceptions erronées de Dieu sont si inadéquates ou si monstrueuses que continuer à croire en un tel Dieu devient superflu ou insupportable. C. S. Lewis a pu le reconnaître même au cœur de son deuil :

> Ce n'est pas que je sois (il me semble) vraiment en danger de cesser de croire en Dieu. Le vrai danger c'est d'en venir à croire de telles horreurs sur son compte. La conclusion que je redoute

---

6.   Ewald Plass, *op. cit.*, p. 483 (traduction libre).

ce n'est pas : « Donc somme toute il n'y a pas de Dieu », mais :
« Voilà donc comment est Dieu, réellement. Cesse de t'abuser[7] ».

EN L'ABSENCE DE REPÈRES

Il est deux situations où suspendre son jugement s'avère éminemment difficile à réaliser. La première survient lorsque Dieu semble
ne plus nous guider, ou lorsque nous ne parvenons pas à saisir
où il veut nous mener. Si nous sommes honnêtes, nous avons
tous connu des moments où Dieu nous paraît imprévisible. Dans
certains cas, un homme commet le mal et l'humanité entière se
voit punie, dans d'autres, un homme commet le mal et tout est
pardonné ; deux hommes tombent malades, l'un meurt et l'autre
s'en remet. Parfois, nous ressentons la présence de Dieu, et d'autres
fois nous ne ressentons que notre propre solitude.

Bien sûr, si nous étions capables de rester froidement logiques,
la question ne devrait pas être « Dieu peut-il me guider ? » ou
« M'a-t-il guidé ? », mais « Me guide-t-il maintenant ? » Cependant,
la gravité et l'urgence de la situation sont telles que nous ne sommes
plus capables de distinguer entre les deux. Si nous souffrons de
l'impression que Dieu a cessé de nous guider, nous oublierons
aisément qu'il a pu nous guider auparavant, et nous douterons
qu'il puisse encore nous guider.

Cette souffrance est d'autant plus insupportable quand nous
avons le sentiment que la situation empire. Si son honneur n'est
pas en jeu, ce sont nos vies et nos réputations qui le sont. Plus les
choses avancent, et plus nous aurions besoin de savoir ; plus l'heure
de la décision approche et moins nous avons d'éléments en mains
pour décider. Dans une telle situation, nous avons non seulement
l'impression de perdre la face devant les autres, mais aussi de nous
perdre tout court, au point de perdre tout espoir de retrouver le

---

7.   C. S. Lewis, *Apprendre la mort, op. cit.*, p. 13.

chemin. Avons-nous fait une erreur de parcours ? Avons-nous fait quelque chose de mal ?

De telles questions sont sans fin, et moins elles trouvent de réponses, plus elles nous narguent. Une telle foi en proie au doute se trouve ballotée par les vents, tel un bateau ivre dans la tempête. Tout devient irréel, rien n'est plus impossible : Dieu s'en moque-t-il ? Est-il seulement là, ou nous sommes-nous trompés sur toute la ligne ? Tout en nous crie et nous somme d'agir, de prendre une décision, de faire au moins quelque chose, alors que nous cherchons encore le moindre signe de la part de Dieu. Mais nous ne sommes entourés que de silence et de ténèbres impénétrables.

Le Pèlerin de Bunyan a été confronté à cette même tentation lorsque l'Athée se moquait de lui sur le chemin vers la Ville Céleste. Entendant qu'il se dirigeait vers le Mont Sion,

« ... Athée éclata de rire.

— Pourquoi riez-vous ? demanda Chrétien.

— Je ris de voir quels ignorants vous êtes, pour avoir entrepris un voyage qui ne vous rapportera que de la peine.

— Comment, Monsieur, croyez-vous que nous ne serons pas reçus ?

— Où voulez-vous être reçus ? Il n'existe pas, dans ce monde de lieu comme celui que vous rêvez[8]. »

La dérision est une arme mortelle, et les sarcasmes de l'Athée désarçonnent Chrétien. L'idée de Bunyan n'est pas seulement que le scepticisme peut faire jaillir en nous le doute, mais que chacun d'entre nous a son propre sceptique intérieur qui lui insuffle le doute. Il peut rester silencieux des années, bâillonné ou tenu en respect par la raison, mais il lui suffit d'un instant d'incertitude et de désorientation de notre part pour qu'il se réveille et se mette

8.   John Bunyan, *op. cit.*, p. 185.

à vociférer. Comment dès lors savoir que nous sommes encore sur le bon chemin ? Comment être sûrs qu'il y a quelque chose au bout du chemin ?

C'est là que la foi est appelée à suspendre son jugement sur les desseins de Dieu. La foi peut ne pas trouver les réponses au pourquoi, mais elle peut savoir pourquoi elle fait confiance à Dieu qui, lui, détient les réponses. Ce n'est pas parce qu'il nous guide que nous faisons confiance à Dieu. Nous lui faisons confiance, puis il nous guide : ce qui signifie que nous pouvons continuer à lui faire confiance même lorsque nous n'avons pas l'impression qu'il nous guide. La foi peut errer dans la nuit, mais elle n'est jamais confuse en ce qui a trait à Dieu. Les voies de Dieu peuvent être mystérieuses, mais lui ne l'est pas. De sorte que la foi peut suspendre son jugement sans perdre son intégrité.

Jésus encourage ce type d'acte de foi lorsqu'il proclame qu'il est « la lumière du monde, celui qui *[le]* suit ne marchera pas dans les ténèbres[9]. » Il ne dit pas que nous ne marcherons jamais dans les ténèbres, mais que nous n'errerons pas dans les ténèbres ni que nous serons laissés seuls dans la nuit. Pour quiconque n'a pas connu l'angoisse d'une telle épreuve, la distinction peut paraître insignifiante : la nuit est obscure et les dilemmes sont angoissants. Mais aucun des deux n'est éternel, parce que c'est Dieu qui aura le dernier mot. Comme l'écrit Oswald Chambers : « Lorsque je suis Dieu sur son chemin, même si je ne comprends pas, Dieu comprend ; c'est pourquoi je peux dire que je comprends Dieu, sans comprendre ses voies[10]. »

D'innombrables croyants ont fait l'expérience de cette rude mise à l'épreuve : ils ont dû suspendre leur jugement même s'ils

---

9.   Jean 8.12.
10. Oswald Chambers, *Not knowing Whither: The Steps of Abraham's Faith*, Londres, Simpkin Marshall, 1934, p. 123 (traduction libre).

étaient dans l'ignorance des desseins de Dieu. Job s'est trouvé aux prises avec ce dilemme :

> Mais si je vais à l'est, il n'y est pas, si je vais à l'ouest, je ne l'aperçois pas. Ou est-il occupé au nord ? Je ne peux l'atteindre. Se cache-t-il au sud ? Jamais je ne le vois. Cependant, il sait bien quelle voie j'ai suivie. S'il me met à l'épreuve, je sortirai pur comme l'or. Car j'ai toujours suivi la trace de ses pas. J'ai marché sur la voie qu'il a prescrite, je n'en ai pas dévié[11].

Le roi David a écrit au Psaume 23 : « Si je devais traverser la vallée où règnent d'épaisses ténèbres, je ne craindrais aucun mal, car tu es auprès de moi[12]. » Toutefois, c'est certainement Ésaïe qui donne l'exemple biblique le plus lumineux du défi que peut représenter cette marche dans les ténèbres :

> Y a-t-il parmi vous quelqu'un qui craint le Seigneur, écoute la voix de son serviteur et qui ait marché dans les ténèbres sans trouver aucune clarté ? Qu'il mette son assurance dans le nom du Seigneur, qu'il s'appuie sur son Dieu. Quant à vous tous, qui faites brûler un feu, qui formez un cercle de brandons, allez dans le rougeoiement de votre feu au milieu des brandons que vous attisez[13].

Le croyant qui place sa confiance en Dieu et suspend son jugement se distingue radicalement de celui qui, incapable de faire confiance à Dieu, s'éclaire de ses propres lumières, plutôt que de faire confiance et d'attendre dans l'obscurité la réponse de Dieu. Jérémie évoque la même situation : « Il m'a mené et il m'a fait marcher dans les ténèbres sans aucune lumière[14]. » Comme le dit

---

11. Job 23.8-11.
12. Psaumes 23.4.
13. Ésaïe 50.10,11 (*TOB*).
14. Lamentations 3.2.

Oswald Chambers : « Une fois là dans l'obscurité, restez là où Dieu
vous a mis, et ne dites plus rien et attendez en silence. Êtes-vous
en ce moment même dans le noir, en ce qui concerne vos circonstances particulières ou votre relation avec Dieu ? Alors tenez-vous
tranquille. Si vous ouvrez la bouche dans cette situation, vous ris-
quez de dire des paroles regrettables. C'est le moment d'écouter[15]. »

Une telle situation peut sembler simple pour tout le monde,
sauf pour celui qui la vit, et c'est le seul point de vue qui importe
malheureusement. La menace est négligeable lorsqu'on l'évoque
en théorie, ou qu'on s'en souvient après-coup : elle n'est pas plus
dramatique que le brouillard qui se dissipe sous le soleil ou qu'un
cauchemar duquel on se réveille. Tout paraît évident après-
coup. Les desseins de Dieu ne sont pas les nôtres. Les pensées de
Dieu sont bien supérieures aux nôtres. Et lorsque nous comprenons cela, nous pouvons nous joindre à Augustin qui, s'adressant à
Dieu, s'exclamait : « Ma présomption m'égarait, et j'étais emporté
par tous les vents. Mais vous me gouverniez en secret[16]. » Mais
sommes-nous capables de dire : « Père, je ne te comprends pas,
mais je te fais confiance » *alors même que nous avançons dans le
noir* ? Tel est le défi que la foi doit relever lorsqu'elle accepte de
suspendre son jugement : et c'est précisément à ce moment que le
doute choisit de se faire entendre.

À L'HEURE DE LA SOUFFRANCE

La seconde situation est encore plus dévastatrice : c'est celle de la
souffrance. La douleur et la souffrance, qu'elles soient physiques
ou mentales, peuvent être abordées de plusieurs points de vue, qui
méritent tous d'être explicités si l'on veut se faire une idée complète du problème et des questions qu'elles soulèvent. Ce qui nous

15. Oswald Chambers, *Tout pour qu'il règne, op. cit.*, voir la méditation du 14 février.
16. Augustin, *Les Confessions, op. cit.*, p. 80.

occupera ici, ce ne sont pas les considérations métaphysiques qui entourent le problème ni les questions pratiques de l'approche du traitement de la douleur, mais la question plus concrète du doute qui nous ronge lorsque nous faisons confiance à Dieu et que nous suspendons notre jugement.

La souffrance est l'épreuve la plus terrible à laquelle la foi ait à se mesurer, et les questions qu'elle soulève sont les plus cinglantes et les plus ravageuses que nous puissions rencontrer. Ici plus que partout ailleurs, le défi de la suspension du jugement est à son comble. Le principe de base est le même (nous ne savons pas le pourquoi, mais nous savons pourquoi nous pouvons faire confiance en Dieu, qui lui sait pourquoi), et notre prière est la même : « Père, je ne te comprends pas, mais je te fais confiance », mais le prix de l'enjeu dépasse tout ce que nous avons connu jusque-là. Imaginons tout ce qui se cache derrière ces simples paroles d'un prisonnier de la Seconde Guerre mondiale :

Je crois au soleil, même lorsqu'il ne brille pas.
Je crois à l'amour, même lorsque je ne le ressens pas.
Je crois en Dieu, même quand il est silencieux[17].

Notre foi est-elle capable de supporter la douleur, de continuer à avoir confiance en Dieu, à suspendre son jugement et à s'appuyer sur l'assurance que Dieu est là, qu'il est bon et qu'il sait ce qui est le mieux ? Ou la douleur est-elle tellement grande que nous avons besoin d'y donner sens, quitte à pousser la raison à bout, la forçant à exercer son jugement ? De ce point de vue, la suspension du jugement peut sembler non seulement difficile, mais à la limite du ridicule. Une telle suspension aggrave même le problème dans un premier temps. Souffrir est une chose, mais

---

17. Cité par Monica Furlong, *Contemplating Now*, Londres, Hodder & Stoughton, 1971, p. 68 (traduction libre).

souffrir sans y trouver de sens en est une autre ; et souffrir sans demander de comptes semble pire que tout. Et pourtant, c'est le genre de soumission passive, proche du sacrifice, que la suspension du jugement semble exiger de nous.

Alors que la souffrance persiste, la pression monte, le feu de l'épreuve augmente, et l'angoisse insupportable menace d'étouffer la foi, et de transformer son gémissement en un cri du doute. Face à la souffrance, suspendre son jugement et faire simplement confiance est la chose la plus difficile au monde. Lorsque l'angoisse de l'incompréhension menace de devenir insupportable, la foi doit aller puiser au plus profond de ses réserves de courage et d'endurance pour ne pas se laisser submerger.

Dans ce registre, Job incarne la figure la plus frappante de l'homme qui souffre, celui en qui tous ceux qui souffrent se reconnaissent. Toutefois, l'agonie de Job a surtout à voir avec le dilemme auquel il devait faire face : devait-il garder confiance en Dieu et suspendre son jugement, ou devait-il chercher des réponses au prix du doute ? Le début du livre nous le montre souverain dans l'épreuve : il est frappé par le désastre, ses enfants sont tués, sa fortune est emportée, mais sa foi reste inébranlable. « En tout cela, Job ne pécha point et n'attribua rien d'injuste à Dieu[18]. » Job ne savait pas pourquoi tout cela lui arrivait, mais il savait pourquoi il faisait confiance à Dieu qui, à l'image du chef de la résistance, savait ce qu'il faisait.

Néanmoins, ce n'était que le premier round des épreuves qui l'attendaient. Au fur et à mesure que les événements se déroulaient, les épreuves s'accumulaient sans relâche. Sa femme l'enjoignait de maudire Dieu et mourir, ses amis le raillaient à souhait ; alors que sa famille le tenait à distance, ses serviteurs l'abandonnaient, ses esclaves refusaient de lui répondre, les enfants se moquaient de

---

18. Job 1.22 (*LSG*).

lui[19]. Mais surtout, il se sentait piégé, rejeté, incompris, bafoué dans sa personne par des amis bien-pensants, mais condamnateurs : «Mais ce n'est pas le cas, je suis tout seul avec moi-même[20]!»

Chaque nouvelle épreuve rendait le dilemme plus aigu : tout comme Abraham avait dû envisager de sacrifier son fils, l'épreuve pour Job n'en aurait pas été une s'il avait su qu'il s'agissait d'un test. Si Job faisait vraiment confiance à Dieu et suspendait son jugement, il se devait de rester silencieux. Pourtant, plus il se taisait, plus il admettait tacitement que ses amis avaient raison et qu'il avait tort, ce qui était profondément injuste. Pour se défendre, il aurait fallu expliquer le pourquoi, ce qui lui était impossible. Mais s'il avait essayé malgré tout, il se serait vu contraint de tirer de fausses conclusions, ce qui lui aurait été insupportable. C'était précisément ce dilemme-là qui mettait la foi de Job en question, le torturant jusqu'au point de rupture. Pas étonnant que sa ligne de défense se présente comme une démonstration de foi mêlée de doute.

D'un côté, la foi de Job l'a amené au summum du courage, le poussant à s'exclamer : «Mais je sais que mon rédempteur est vivant et qu'il se lèvera le dernier sur la terre[21]» (pour plaider ma cause). D'un autre côté, sa ligne de défense l'emmenait dans les profondeurs de l'amertume, de la culpabilité et du doute, injustifiés certes, mais ô combien compréhensibles. Dans sa réponse, Dieu lui-même reprend Job et lui reproche sa ligne de défense implicitement accusatrice : «Veux-tu vraiment prétendre que je ne suis pas juste ? Veux-tu me condamner pour te justifier[22]?» En voulant se justifier, il se faisait plus juste que Dieu, chamboulant d'un coup l'ordre moral de l'univers, et s'exposant ainsi à des souffrances supplémentaires.

---

19. Job 19.
20. Job 9.35.
21. Job 19.25 (*LSG*).
22. Job 40.8.

Quelle était l'erreur fondamentale qui avait amené Job à ne pas suspendre son jugement ? Son blasphème ? Non, le blasphème n'était que le résultat d'un raisonnement fallacieux qui consistait à penser qu'il avait assez d'éléments pour porter un jugement correct sur ce qui lui arrivait. Inutile de dire que l'erreur de Job était plus qu'intellectuelle. Ses amis, tous plus moralisateurs les uns que les autres, sous prétexte de lui amener du réconfort, ne faisaient que masquer leur envie, leur bassesse et leur cruauté ignoble derrière une forme de piété hautaine, mais théologiquement correcte. Comme des poules s'attaquant à une congénère blessée, ils se précipitaient sur lui et l'attaquaient de leurs vérités acérées. Et peut-être, comme Simone Weil le dit si bien, leur haine déguisée avait-elle commencé à entamer la défense de Job et pénétrer dans son cœur comme un poison. Dans *Attente de Dieu*, elle écrit : « Si Job crie son innocence avec un accent si désespéré, c'est que lui-même n'arrive pas à y croire, c'est qu'en lui-même son âme prend le parti de ses amis[23]. »

Mais une fois engagé sur la pente glissante des raisonnements fallacieux, le blasphème est inévitable. Curieusement, Job et ses amis commettent une erreur très similaire. Ses amis pensaient que Dieu dans sa justice rétribuait les actions des hommes *dans cette vie-ci,* avec le présupposé d'une équivalence exacte entre le péché et la souffrance. Si Job souffrait, c'est qu'il devait avoir péché.

Job de son côté conteste le présupposé. Drapés dans leur justice, ses amis se montraient aussi cruels qu'ils avaient tort : comme tous les pharisiens d'ailleurs – particulièrement les pharisiens chrétiens. Toutefois, en l'absence de toute explication divine, il n'a aucun élément à faire valoir pour démontrer leur argumentation. Ainsi, Job et ses amis poussent tous le raisonnement trop loin et posent des jugements là où ils n'ont aucun droit de le faire. Les

---

23. Simone Weil, *Attente de Dieu*, Paris, Éditions La Colombe, 1950, p. 103.

deux erreurs conduisent dans des directions opposées, la cruauté d'un côté, le blasphème de l'autre, mais ce sont les deux faces d'une même pièce.

Jérémie nous montre un tout autre chemin. Passant par une crise personnelle où sous la pression de son ministère il s'enfonce dans l'incompréhension, il s'écrie : « Il me fait concasser du gravier avec les dents ; il m'enfouit dans la cendre ; tu me rejettes loin de la paix ; j'oublie le bonheur[24]. » Toutefois, Jérémie ne s'avance pas pour juger Dieu et demander des explications. Il suspend son jugement et clôt ainsi son plaidoyer :

> Voici ce que je vais me remettre en mémoire, ce pour quoi j'espérerai : Les bontés du Seigneur ! C'est qu'elles ne sont pas finies ! C'est que ses tendresses ne sont pas achevées ! Elles sont neuves tous les matins. Grande est ta fidélité. Ma part, c'est le Seigneur, me dis-je ; c'est pourquoi j'espérerai en lui[25].

John Bunyan va dans le même sens dans *Le voyage du pèlerin* :

> Ensuite, je vis dans mon songe l'Interprète prendre Chrétien par la main et le conduire dans un lieu où un feu brûlait contre un mur. Un homme se tenait près de ce feu et essayait de l'éteindre en y jetant beaucoup d'eau. Cependant loin de diminuer, le feu augmentait plutôt.
>
> — Que signifie ceci ? demanda Chrétien ?
> — Ce feu, répondit l'Interprète, est l'œuvre de la grâce dans le cœur. Celui qui essaye de l'éteindre en jetant de l'eau dessus, c'est le diable ; mais tu as remarqué qu'il n'y parvient pas, et que le feu brûle plus fort ; tu vas en connaître la raison. Alors qu'il le conduisit derrière le mur, où il vit

---

24. Lamentations 3.16,17 (*TOB*).
25. Lamentations 3.21-24 (*TOB*).

un homme qui tenait dans sa main un vase plein d'huile qu'il versait continuellement, mais secrètement sur le feu.

— Que signifie encore ceci? demanda Chrétien.

L'Interprète lui répondit :

— C'est Christ, qui répand sans cesse l'huile de sa grâce dans le cœur pour entretenir l'œuvre qu'il y a déjà commencée. Malgré tous les efforts du diable, les âmes de ceux qui lui appartiennent restent sous son influence. S'il se tient caché derrière le mur pour entretenir le feu, c'est pour t'enseigner que, dans les grandes tentations, il est parfois difficile de comprendre comment l'œuvre de la grâce est entretenue dans une âme[26].

SAVOIR POURQUOI FAIRE CONFIANCE

Il y a une chose sur laquelle il nous faut nous attarder sous peine qu'elle nous rattrape. Si la suspension du jugement repose sur le principe que nous avons énoncé plus haut selon lequel « nous ne savons pas le pourquoi, mais nous savons pourquoi nous avons confiance en Dieu, qui lui, connaît le pourquoi », il est d'autant plus important de savoir pourquoi nous avons confiance en Dieu. La réponse qui vient spontanément est certainement de l'ordre de l'évidence, mais y répondre trop vite peut relever de cette sorte d'assurance trop immédiate qui s'effrite dès les premières épreuves.

Nous ne savons pas quelle épreuve notre foi est prête à endurer avant d'être passée par la souffrance. Ce n'est qu'à ce moment-là que nous savons si notre foi repose sur les bonnes bases. Très peu d'entre nous passent aisément le test de la souffrance. Quand l'épreuve arrive, si nous ne savons pas pourquoi nous pouvons avoir confiance en Dieu, nous découvrons très vite que nous ne

---

26. John Bunyan, *op. cit.*, p. 51.

voyons plus non plus pourquoi nous devrions croire. La question qui consiste à savoir sur quoi nous pouvons fonder notre confiance en Dieu déborde le propos de cet ouvrage, mais ce qu'il importe de montrer ici est l'enjeu de la confiance en Dieu au cœur de la souffrance.

La plupart des questions qu'aborde la religion se résument en fin de compte à celles-ci : « Dieu existe-t-il ? » et « Dieu est-il bon ? » Notre conception de l'existence de Dieu et de sa personnalité est le fondement des vérités qui déterminent toutes les autres réponses.

Pour les chrétiens, ces deux questions trouvent leur réponse en Jésus-Christ. Les « preuves » de l'existence de Dieu et les arguments en faveur de sa bonté qui s'ancrent ailleurs qu'en Jésus-Christ proviennent d'un mauvais raisonnement et n'aboutissent à rien de bon. Aussi élaborés et convaincants qu'ils paraissent, ces arguments se révèleront intellectuellement boiteux et émotionnellement insatisfaisants à long terme. La souffrance, en particulier, est un puissant révélateur de ces défauts.

L'épreuve de la souffrance révèle si notre « connaissance du pourquoi » est une conviction profondément ancrée dans la révélation de Dieu en Jésus-Christ, ou si notre foi repose sur du sable. À cet égard, nous pouvons facilement tomber dans l'une de deux erreurs expliquées ci-après, qui conduisent toutes deux à nous éloigner de Dieu à un point tel que nous ne savons plus pourquoi nous pouvons lui faire confiance dans la souffrance.

UN DIEU TROP LOINTAIN

La première erreur consiste à confondre Jésus avec Dieu le Père au point où nous en oublions que Dieu s'est fait homme en Jésus, qu'il a pris notre humanité de sorte qu'il n'y a plus rien qui fasse obstacle entre Dieu et l'être humain. Le danger dès lors est que Dieu devienne lointain – sinon dans notre théologie, du moins dans nos sentiments – et que dans son éloignement, son silence passe pour de l'absence.

Lorsque nous souffrons, le silence de Dieu fait d'autant plus mal. Nous souffrons, nous nous tournons vers Dieu, nous prions, nous implorons, le cœur déchiré, mais aucune réponse ne vient. Le ciel est d'airain, les portes sont hermétiquement fermées et dans ce silence retentissant, nous nous demandons si Dieu a déjà été là. Le psalmiste l'exprime ainsi : « Ne sois pas sourd à ma requête, si tu restes muet, je deviendrai pareil à ceux qui s'en vont vers la tombe[27]. » Ou comme G. M. Hopkins le dit dans ses derniers sonnets :

> *Mes cris de désespoir résonnent*
> *comme autant d'appels dans le vide,*
> *adressés en vain à celui que j'aime –*
> *hélas! si loin là-bas[28].*

Ce qui est déjà difficile pour des croyants qui savent pourquoi ils font confiance à Dieu peut se révéler insupportable pour des croyants mal affermis ou pour des croyants de façade : cela n'a jamais été aussi vrai que de nos jours. Dans sa pièce *Le Diable et le Bon Dieu*, Jean-Paul Sartre dépeint Goetz, un soldat meurtrier devenu un saint, et qui finit par perdre ses illusions en raison de son sentiment d'inefficacité spirituelle et au silence de Dieu. Il finit par se demander si son credo est vrai ou s'il ne fait que crier pour couvrir le silence de Dieu. Finalement, il éclate :

> Je suppliais, je quémandais un signe, j'envoyais au ciel des messages : pas de réponse. Le Ciel ignorait jusqu'à mon nom.
> Je me demandais à chaque minute ce que je pouvais être aux

---

27. Psaumes 28.1.
28. Gerard Manley Hopkins, *Poems & Prose*, Londres, Penguin, 1953, p. 62 (traduction libre).

yeux de Dieu. Maintenant je connais la réponse : rien. Dieu ne me voit pas, Dieu ne m'entend pas, Dieu ne me connaît pas. Tu vois ce vide au-dessus de nos têtes? C'est Dieu. Tu vois cette brèche dans la porte? C'est Dieu. Tu vois ce trou dans la terre? C'est Dieu encore. Le silence, c'est Dieu. L'absence, c'est Dieu. Dieu, c'est la solitude des hommes[29].

Le cri terrible de l'incertitude qui se mue en incrédulité est un thème récurrent dans la littérature contemporaine. De plus en plus, et plus particulièrement depuis Auschwitz, le problème de la justice dans un monde habité par le mal est abordé dans une perspective morale où le spectateur passif – à commencer par Dieu – est déclaré coupable. Comme Dostoïevski le met dans la bouche d'Ivan : « Toute la connaissance du monde ne vaut pas les larmes d'un enfant[30]. »

Ces exemples littéraires font néanmoins pâle figure à côté des témoignages de ceux qui ont été confrontés au silence de Dieu dans la réalité de l'expérience. On en trouve un exemple cinglant dans l'ouvrage *La Nuit* du lauréat du Prix Nobel Elie Wiesel, survivant des camps d'Auschwitz et Buchenwald, qui comme enfant a vu de ses yeux le visage démasqué du mal.

Jamais je n'oublierai cette nuit, la première nuit de camp qui a fait de ma vie une longue nuit et sept fois verrouillée... Jamais je n'oublierai cette fumée. Jamais je n'oublierai les petits visages des enfants dont j'avais vu les corps se transformer en volutes sous un azur muet. Jamais je n'oublierai ces flammes qui consumèrent pour toujours ma foi. Jamais je n'oublierai ce silence nocturne qui m'a privé pour l'éternité du désir de

29. Jean-Paul Sartre, *Le Diable et le Bon Dieu*, acte III, tableau X, scène 4, Paris, Gallimard, 1952, p. 267.
30. Féodor Dostoïevski, *Les frères Karamazov*, livre V, chap. 4, Paris, Gallimard, coll. Folio Classique, 1948, p. 619.

vivre. Jamais je n'oublierai ces moments qui assassinèrent mon Dieu et mon âme et mes rêves qui prirent le visage du désert. Jamais je n'oublierai cela, même si j'étais condamné à vivre aussi longtemps que Dieu lui-même. Jamais[31].

Et qu'en est-il des chrétiens? Sommes-nous différents parce que notre courage serait plus grand et nos explications théologiques plus élaborées? Loin de là. Nous reculons comme les autres devant les horreurs du mal. Nous ressentons la même douleur, la même agonie, nous sommes hantés par les mêmes questions, le même silence. Nous ne savons pas non plus, mais nous savons pourquoi nous avons confiance en Dieu qui lui, sait.

Et pourquoi donc? Parce qu'un autre homme Juif a librement pris sur lui la pleine désolation du silence de Dieu, de sorte qu'après avoir souffert à notre place, il restaure notre relation à son Père, afin que nous puissions être sûrs qu'il existe et qu'il est bon.

Pour le chrétien, le cri de Jésus, «Mon Dieu, mon Dieu, pourquoi m'as-tu abandonné[32]?» aura toujours des résonnances que la raison humaine ne pourra jamais appréhender. Néanmoins, cela signifie au moins une chose: personne ne pourra tomber si bas que Dieu n'y soit déjà allé. Comme le dit C. S. Lewis: «Il est parfois dur de ne pas dire: "Dieu, pardonne à Dieu". Il est parfois dur même d'en dire autant. Mais si notre foi est vraie, il n'en a rien fait. Il l'a crucifié[33].»

Martin Luther lisait un jour l'histoire du sacrifice d'Isaac lors d'un temps de dévotion familiale, et lorsqu'il eut fini, sa femme Katie dit simplement: «Je n'y crois pas, Dieu n'aurait jamais traité son Fils ainsi.» Luther lui répondit: «Mais Katie, il l'a fait[34].»

31. Elie Wiesel, *La Nuit*, Paris, Éditions de Minuit, 2007, p. 79.
32. Matthieu 27.46.
33. C. S. Lewis, *Apprendre la mort, op. cit.*, p. 47.
34. Roland H. Bainton, *op. cit.*, p. 290 (traduction libre).

C'est ainsi que les doutes au sujet de Dieu le Père sont réduits au silence dans son Fils. Dans la souffrance, Dieu peut nous sembler lointain – sauf s'il se révèle comme le Dieu et le Père de notre Seigneur Jésus-Christ. Relevons le degré d'intimité qu'implique ce simple énoncé. Jésus était aimé de ses disciples, pour eux, il était *notre* Seigneur Jésus-Christ. Ils l'avaient suivi, ils avaient vécu avec lui, appris de lui. Ils l'aimaient jusqu'à donner leur vie pour lui. Mais qui était ce Dieu qu'ils n'avaient jamais vu ? Il était simplement le Père de Jésus-Christ. Et c'est ainsi qu'ils pouvaient l'appeler « le Dieu et Père de notre Seigneur Jésus-Christ ». Jésus lui-même n'avait-il pas dit : « Va plutôt trouver mes frères et dis-leur de ma part : Je monte vers mon Père qui est votre Père, vers mon Dieu qui est votre Dieu[35] » ? N'avait-il pas enseigné à ses disciples à prier ainsi : « Notre Père, qui es aux cieux[36] » ?

L'Incarnation n'est pas seulement une vérité théologique, c'est aussi un réconfort et une assurance. Jésus s'est identifié à notre humanité, et maintenant nous savons que Dieu est pour nous en Christ. On peut faire confiance au chef de la résistance : il est aussi passé par la torture. Lorsque nous voyons Jésus sur la croix, nous pouvons avoir une confiance illimitée en Dieu, et ne jamais douter qu'il sera là à nos côtés dans les pires souffrances.

La passion de Dostoïevski pour le Christ était telle que s'il y avait eu une quelconque contradiction entre le Christ et la vérité, il affirmait qu'il aurait choisi le premier plutôt que la seconde. Ce choix passionné s'enracinait pour lui dans un moment crucial où il avait été profondément ému par la figure du Christ souffrant de Holbein dans « La Descente de la Croix » :

Je sais que l'Église Chrétienne a toujours affirmé, dès les premiers siècles, que les souffrances du Christ n'étaient pas

---

35. Jean 20.17.
36. Matthieu 6.9.

symboliques seulement, mais bien réelles, et que son corps sur la croix était totalement soumis aux lois de la nature. Dans le tableau, son visage est atrocement tuméfié, marqué par les coups, couvert d'hématomes et de plaies sanguinolentes, et dans ses yeux hagards se reflète l'horreur de la mort[37].

Aux yeux de Dostoïevski, le tableau de Holbein dépassait le réalisme pictural : il était porteur d'une réalité universelle. Si le Fils de Dieu avait souffert ainsi, une voie de rédemption s'ouvrait pour le monde. Ainsi, Dostoïevski pouvait affirmer vers la fin de sa vie qu'il était venu à Dieu par le Christ, après avoir traversé l'enfer du doute.

UN DIEU TROP PROCHE

L'accent mis sur les souffrances du Christ peut cependant conduire à l'erreur inverse : ne plus voir en Jésus que la dimension humaine de celui qui s'est identifié à notre condition, oubliant que, en tant que Fils de Dieu, il est toujours Un avec le Père. Nous pouvons parfois tellement l'identifier à notre condition humaine que, perdant de vue qu'il est le Serviteur souffrant, nous faisons de lui une victime de Dieu, dont la mort ne représente plus qu'un sacrifice absurde.

Selon cette vision trop humaine de Jésus, l'ampleur de ses souffrances est si grande que nous y trouvons un réconfort pour les nôtres, mais ce réconfort est de courte durée. La valeur d'une telle souffrance est toute relative et elle n'accomplit en fin de compte rien qui ait valeur d'absolu. Et dès lors, Dieu le Père prend la figure d'un Dieu colérique, distant et implacable, de sorte que la mort de Jésus apparaît comme un modèle et un symbole, un acte héroïque, certes, mais un acte essentiellement tragique et en fin de compte

---

37. George Steiner, *op. cit.*, p. 253.

vide de sens. Après tout, s'il n'est pas Dieu, pourquoi la mort d'un
Juif devrait-elle être différente de celle de six millions de Juifs ?

Le soliloque dramatique de Jésus dans *Le Malentendu*[38] illustre
parfaitement cette position. Il met en scène la montée au Calvaire
de Jésus, portant sa croix et lançant à Dieu l'ultimatum suprême de
regarder en bas et prendre pitié, ou de détourner à jamais les yeux :

> Est-ce toi qui te joues ainsi de la semence d'Adam ? Ou faut-il
> croire que tu es simplement distrait, que tu fais un somme ?
> Bientôt je saurai, quand je ferai l'échange avec cette croix ;
> quand elle me portera au lieu que ce soit moi qui la porte. Alors
> on te verra à l'épreuve, tu seras jugé. Et je saurai. [...] Si tu n'es
> que distrait ou endormi, je vais dans mon supplice te tirer par
> la manche, jusqu'à ce que tu te réveilles. Mais si tu es cet esprit
> sourd-muet, mon geste en essayant de te secouer sera un geste
> de fou, et mourir sera dur[39]. »

La croix n'est-elle qu'un piège maléfique dans lequel la main
de Dieu a conduit Jésus ? N'est-elle qu'une mauvaise farce mise
au point par un dieu indifférent ? Ou une parodie de justice qui
facilite le travail de tous les révolutionnaires et les détracteurs de
Dieu ? Jésus n'est-il Dieu que parce qu'il est le plus humble et le
plus souffrant des hommes ? Telles sont les questions qui nous
attendent au détour si nous tombons dans cette seconde erreur. Il
est évident que, même si ces deux positions sont l'inverse l'une de
l'autre, elles mènent au même résultat : Dieu est tout aussi lointain,
et son silence qui, dans le cas présent, touche autant le Christ que
les hommes sera interprété comme une preuve de son absence.

Cet extrême, tout comme l'autre, repose sur une demi-vérité
qui aboutit à une caricature du Christ. À l'opposé, la Bible

---

38. Arthur Koestler, « Le Malentendu », dans *Les Call-girls*, Paris, Calman-Lévy,
    1973.
39. *Ibid.*, p. 10.

n'hésite certes pas à mettre l'accent sur l'identification du Christ à l'homme, mais elle ne s'arrête pas là. Jésus a librement assumé la condition humaine dans un but – un but qui a coûté à Dieu le Père autant qu'à son Fils, un but qui a trouvé son accomplissement et sa justification dans la résurrection. Il n'est pas étonnant que ceux dont la foi repose sur l'Incarnation – Dieu fait chair, crucifié et ressuscité – soient capables de résister au feu de l'épreuve de la souffrance : en effet, il n'y a aucune question, aussi lancinante ou profonde qu'elle soit, qui ne peut être confiée à Dieu, le Père de Jésus-Christ.

S'en remettre à Dieu pour les réponses à nos questions est la seule voie sensée, non seulement en ce qui concerne la souffrance et le sens de l'existence, mais également en ce qui concerne toutes ces questions sans réponses, ces questions métaphysiques qui relèvent de la spéculation et poussent la raison hors de ses limites, avec pour résultat final de nous laisser dans l'angoisse, par exemple : « Si Dieu savait, pourquoi a-t-il créé l'univers ? » Ces questions, loin d'être absurdes, diffèrent néanmoins des questions impossibles, qui sont logiquement insolubles en un autre sens. C. S. Lewis écrivait dans *Apprendre la mort* : « Est-ce qu'un mortel peut poser des questions auxquelles Dieu ne trouve pas de réponses ? Très facilement, je crois. Toutes les questions absurdes sont sans réponse : "Combien y a-t-il d'heures dans un kilomètre ?", "Jaune, c'est rond ou carré ?" Probablement la moitié des questions que nous posons, la moitié de nos grands problèmes théologiques et métaphysiques est comme ça[40]. »

De telles questions sont par essence sans réponse. Les questions relevant de la souffrance ne sont toutefois insolubles que dans cette vie. Il y a certes des faits troublants de la vie d'ici-bas que nous n'expliquerons jamais, et qui ne devraient pas être

---

40. C. S. Lewis, *Apprendre la mort, op. cit.*, p. 114.

simplement passés sous silence. La foi en revanche peut suspendre son jugement sur ces questions, tout en les confiant à Dieu le Père de notre Seigneur Jésus-Christ.

DES COMPTES À RÉGLER AVEC DIEU

La tentation inhérente au doute provenant de la souffrance vient de ce que nous avons le sentiment que quelqu'un doit rendre compte de la souffrance, même si personne n'est responsable. De sorte qu'il ne nous reste qu'une alternative : soit nous trouvons la réponse en nous-mêmes, en nous résignant ou en nous culpabilisant; soit nous accusons – ou à tout le moins soupçonnons – les autres. Il est difficile de rendre l'univers responsable de ce qui nous arrive, surtout un univers impersonnel dont Dieu serait absent : nous avons besoin de réponses personnelles. La seule option qui reste est d'appeler Dieu à la barre, et de lui faire porter la responsabilité de l'injustice et de la souffrance que nous n'arrivons pas à expliquer. Nous réglons nos comptes avec Dieu en ayant recours au doute.

Avez-vous déjà remarqué que ceux qui nient l'existence de Dieu avec le plus de véhémence sont les premiers à dire qu'il est injuste? La question «Pourquoi Dieu permet-il...?» peut être posée de manière abstraite par un athée en mal d'arguments pour mettre à mal la crédibilité de la foi. Elle peut aussi provenir d'un athée en proie à la question lancinante de l'irrationalité de la souffrance. S'il est un moment où le besoin d'un Dieu personnel se fait sentir, c'est bien celui-là. En ce sens, s'en prendre à Dieu est le signe d'une forme de croyance, tout au moins dans la mesure où cela permet d'accuser quelqu'un pour des souffrances qui autrement seraient absurdes et sans réponses.

Il en va de même pour nous qui croyons. Si l'absence d'explication conduit au doute, et d'autant plus lorsqu'il s'agit de la souffrance, le doute à son tour est un bouclier de fortune à l'absurde de la souffrance. Lorsque nous ne parvenons plus à trouver un sens à la souffrance, nous nous en prenons à Dieu en remettant en doute sa bonté. Nous nous créons ainsi une image de Dieu à laquelle nous en prendre et sur qui jeter le blâme. Le doute devient ainsi un remède de contrefaçon à la souffrance : si Dieu est ainsi, il peut être tenu pour responsable, et nous avons un problème de moins à résoudre.

Ceux dont nous sommes les plus proches sont aussi ceux que nous pouvons blesser le plus facilement. De la même manière, il n'y a rien de tel que le doute pour prendre notre revanche sur l'amertume que provoque la souffrance absurde et aveugle qui nous laisse sans réponses et surtout sans explications.

Réfléchissant après-coup aux pensées noires qui avaient pu le tourmenter lors de son deuil, C. S. Lewis reconnut que « toute cette histoire à propos d'un Sadique cosmique n'était pas tant l'expression d'une réflexion que de la haine. J'en tirais le seul plaisir que peut avoir un homme aux abois : celui de rendre coup pour coup[41] ».

Il nous suffit d'une personne à qui adresser nos reproches même les plus inconscients ou insignifiants pour échapper un instant aux tourments auxquels nous soumet l'absurde de la souffrance. S'il n'y a personne sur qui jeter le blâme pour notre souffrance, nous nous sentons aussi seuls que si nous étions en plein désert sous un soleil de plomb, sans le moindre abri où nous mettre à l'ombre. Pas étonnant que certains soient cruellement tentés de maudire Dieu et mourir.

Mille ans avant C. S. Lewis, Pierre Abélard avait pu lui aussi reconnaître à quel point il avait été injuste de tenir Dieu pour responsable de tout le mal – incluant la castration – que les autres lui avaient infligé : « Ô Dieu ! toi qui juges avec toute équité, avec quel

---

41. *Ibid.*, p. 67.

fiel dans le cœur, fou que je suis, avec quelle amertume dans l'esprit je te prends à partie et furibond je t'accuse, répétant très souvent cette question lancinante, du bienheureux Antoine : "Doux Jésus où étais-tu ?" De quelle douleur alors suis-je torturé, de quelle honte suis-je confondu, de quel désespoir suis-je bouleversé[42] ! »

LA FOI N'IMPLIQUE PAS LE REFOULEMENT

Suspendre son jugement revient parfois à marcher dans l'obscurité sur un sentier bordé d'un ravin de part et d'autre. Si assurément il y a des dangers à tomber dans le reproche et l'accusation, il y en a tout autant à ne rien répondre, à ne pas admettre la réalité émotionnelle de notre expérience et à associer la foi au refoulement de nos émotions.

Suspendre notre jugement sur les causes de ce qui nous arrive n'a rien à voir avec le déni. Le premier mouvement relève de la foi, le second, du refoulement qui n'a pas sa place dans une conception chrétienne de la foi. Le déni de la réalité relève d'une illusion qui n'a rien à voir avec la foi vivante. La foi qui a besoin de fuir ou d'atténuer la cruauté de la réalité se condamne à une existence recluse et engourdie. Une telle foi n'est qu'une pâle imitation de la foi véritable, une mascarade qui entretient l'hypocrisie et la couardise au nom des apparences et du conformisme.

La foi biblique au contraire est réaliste et sans compromis. En contemplant Jésus, nous voyons les larmes de compassion et le cœur débordant d'indignation de Dieu. La confiance que Jésus plaçait en Dieu ne signifiait pas un déni de la réalité du mal et de la déchéance du monde, mais plutôt un refus absolu de leur laisser le dernier mot. Le déni de la réalité est une tentation diabolique pour détourner le sens et la finalité de la suspension du jugement.

---

42. Pierre Abélard, *op. cit.*, p. 67.

Elle emprunte les mêmes moyens, mais pour arriver au but opposé. Le déni de la réalité ne résout pas les problèmes posés par la réalité : il ne fait qu'affirmer que la foi est incapable de les surmonter, et il maintient qu'on ne devrait rien y changer.

La foi contemporaine recèle de nombreux dénis de réalité. Ce que nous avons dit plus haut au sujet du doute vaut pour toutes sortes d'autres sentiments tels que la dépression, le deuil ou l'échec. Face aux artifices et aux paillettes de ce qui se présente comme de la prétendue foi, nous ferions bien de porter attention aux paroles de Shakespeare dans Macbeth : «... Donne à ton chagrin les mots, car le deuil silencieux murmure au cœur affligé et le pousse à se briser[43]. »

Augustin nous suggère une voie plus noble et plus libératrice. Voici ce qu'il écrit peu après la mort de sa mère : «Je goûtai la douceur de pleurer, devant vous, sur elle et pour elle, sur moi et pour moi. Je pus enfin laisser couler les larmes que je retenais, je les laissai couler à leur aise. Ce fut comme un lit sous mon cœur, il y trouva repos. Car il n'y avait que vos oreilles pour m'entendre pleurer, et non un quelconque auditeur qui eût interprété orgueilleusement mes larmes[44]. » Il devait en effet à sa mère non seulement sa naissance physique, mais également sa naissance spirituelle, et à sa mort, il n'eut pas honte de laisser son profond chagrin s'exprimer.

Le refoulement peut découler d'une mauvaise compréhension de ce qu'est véritablement l'objet de notre foi – par exemple, lorsque notre foi en Dieu se transforme en une foi en la foi même, mais aussi d'une mauvaise interprétation de ce qu'est véritablement la reconnaissance. À première vue, l'action de grâce et la reconnaissance peuvent paraître si évidentes qu'il serait insensé de les remettre en question. Toutefois, si la Bible nous enjoint de

---

43. Shakespeare, *Macbeth*, acte IV, scène 3, v. 208.
44. Augustin, *Les Confessions*, op. cit., p. 198.

remercier Dieu «en toute circonstance[45]», une application litté-
rale de ce verset est contraire à l'esprit biblique, et peut se révéler
dévastatrice sur le plan psychologique. Et pourtant, encore trop
souvent, certains chrétiens sont encouragés à remercier Dieu pour
toutes choses, y compris le mal.

Ce serait là une méprise grossière et dangereuse de l'enseignement de la Bible. Jésus ne remerciait pas Dieu pour tout :
confronté à la souffrance et au péché, nous le voyons pleurer, et
face au mal, son indignation va jusqu'à la colère. Et sans cette
colère et ces larmes qui l'ont accompagné tout au long du chemin
vers la Croix, nous ne comprendrions pas à quel point Dieu est
opposé au mal, et à quel point il prend le péché au sérieux.

L'alternative ne se joue pas dans une opposition entre la vision
biblique des choses et notre expérience, comme si la foi était oppo-
sée à la réalité. Le dilemme se situe entre la vision biblique du mal
(compris comme une réalité que Dieu a en horreur et pour laquelle
il n'y a pas lieu de le remercier) et l'appel biblique à avoir confiance
et à rendre grâces à Dieu en toutes circonstances.

HUMAINS À L'IMAGE DE DIEU

L'une des manières de sortir de l'impasse consiste à prendre chaque
expérience, et d'une part la considérer d'un point de vue plus général, et d'autre part l'analyser selon les éléments qui la constituent.
Le premier point de vue nous amène à inscrire nos expériences
dans une vision plus large, qui nous amène à une confiance et à
une reconnaissance sans réserve vis-à-vis de Dieu. De ce premier
point de vue, il n'y a pas de situation si corrompue par le mal
qu'elle soit hors de portée de la puissance rédemptrice de Dieu.
Par conséquent, il y a toujours lieu de faire confiance à Dieu et

---

45.   1 Thessaloniciens 5.18.

de le remercier. Cette confiance dans la souveraineté de Dieu est parfaitement exprimée par ce passage de Jérémie :

> Qui donc n'a qu'à parler pour qu'une chose soit, quand le Seigneur ne l'a pas ordonné ? Par sa parole, le Très-Haut ne suscite-t-il pas le malheur et le bonheur ? [...] Tournons notre cœur, élevons nos mains vers Dieu qui est au ciel[46].

Lorsque nous changeons de perspective et que nous analysons la situation selon les éléments qui la composent, il se peut fort bien qu'elle soit entachée de souffrance, de mal et de déception, ou, le cas échéant, d'éléments positifs, bénéfiques et agréables. Chacun de ces éléments requiert une réponse appropriée, et dans bien des cas, ce ne sera pas de la reconnaissance, mais bien plutôt de l'indignation face au mal, des larmes devant la douleur du deuil, ou un état de choc en face d'une catastrophe inattendue. Nous ne devrions pas nous forcer à remercier Dieu pour *ces choses-là*, sous peine d'être plus exigeants envers nous-mêmes et moins exigeants face au mal que Dieu ne l'est lui-même. Ainsi ce n'est pas que les chrétiens *n'ont pas besoin* de remercier Dieu pour de telles choses, mais plutôt qu'ils *ne devraient surtout pas* remercier Dieu pour ces choses. Nous devrions toujours être aussi humains que Dieu nous appelle à l'être.

L'équilibre entre la foi et le réalisme est inhérent à la Bible, et une telle vision des choses devrait être pour nous une consolation. Comme le disait Augustin : « Qui aspirerait à des épreuves et des difficultés ? Tu nous ordonnes de les supporter, pas de nous en délecter. Personne n'aime ce qu'il endure, même s'il peut avoir du plaisir à les endurer[47]. » Et Luther pouvait même renchérir : « Dieu n'a pas créé l'homme pour être une pierre ou un bâton : il lui a donné cinq sens et un cœur de chair pour aimer ses amis, être en

46. Lamentations 3.37,38,41.
47. Augustin, *Les Confessions, op. cit.*, p. 230.

colère vis-à-vis de ses ennemis et éprouver de la tristesse pour ses amis dans la douleur[48]. »

Comment Dieu, s'il nous a créés ainsi pourrait-il nous demander d'agir contre notre propre nature ? S'il nous a dotés de toute la palette des émotions humaines, est-ce pour les refouler devant les situations de la vie humaine ? Autant nous pouvons être sûrs qu'il n'oubliera jamais notre humanitude, autant nous devrions faire de même à notre propre égard.

L'un des aspects les plus étonnants de la foi chrétienne est son humanité vis-à-vis de ceux qui souffrent. Là où les musulmans se résignent, là où les hindous et les bouddhistes fuient, là où les stoïciens résistent et les existentialistes se battent en vain, les chrétiens peuvent exulter. La joie de l'exultation n'a pourtant rien de triomphaliste ni de superficiel. Nous exultons parce qu'en connaissant Dieu, nous savons que nous vaincrons, mais sans pour autant que cette connaissance nous évite les douleurs et les souffrances. Augustin a écrit : « Nous passons par la tempête de l'épreuve, et si nous ne pouvions pas nous épancher auprès de Toi, quel espoir nous resterait-il[49] ? » Dostoïevski a parlé ainsi de sa foi qui a grandi dans l'épreuve : « Ce n'est pas comme un enfant que je crois en Christ et le confesse, mais mon hosanna est passé par la fournaise de l'épreuve[50]. »

> Je reste loyal à son Nom même si tous les faits pointent dans la direction opposée et si tout m'incite à croire qu'Il n'a pas plus de pouvoir que la brume du matin[51].
>
> – Oswald Chambers

48. Ewald Plass, *op. cit.*, p. 510-511 (traduction libre).
49. Augustin, *Les Confessions, op. cit.*, p. 76.
50. Konstantin Mochulsky, *Dostoïevsky: His Life and Works*, Princeton, Princeton University Press, 1967, p. 650 (traduction libre).
51. Oswald Chambers, *Tout pour qu'il règne, op. cit.*, voir la méditation du 31 octobre.

Il est douloureux d'être mal jugé. Mais pas autant que ce que Dieu doit supporter à chaque instant. Cependant, il est patient. Dans la mesure où il sait qu'il a raison, il laisse les gens penser ce qu'ils veulent – jusqu'à ce qu'il prenne le temps de les amener à voir autrement. Seigneur, purifie mon cœur de l'intérieur, de sorte que je ne me soucie plus du jugement d'autrui[52].

– George MacDonald

---

52. George MacDonald, « The Marquis' Secret », dans *The Complete Works of George MacDonald*, Minneapolis, Bethany House, 1983, p. 58 (traduction libre).

CHAPITRE 11

COMBIEN DE TEMPS ENCORE, Ô SEIGNEUR !

LE DOUTE PROVENANT DE L'IMPATIENCE

Il y a quelques années, dans la salle d'attente des urgences d'un hôpital londonien, alors que les blessés arrivaient de toutes parts et que le service était débordé, je fus frappé par les changements qui s'opéraient chez les patients au fur et à mesure que le temps passait. Les derniers arrivés étaient aux aguets, sursautant au moindre appel, tendant l'oreille dans l'espoir d'entendre leur nom. Mais peu à peu, ils se résignaient comme les autres, et certains, le regard perdu dans le vide, laissaient même passer l'appel de leur nom.

Il n'est jamais facile d'attendre : parce que l'attente est usante. Elle dit aussi quelque chose à propos de nous, de notre rapport à la personne ou l'événement que nous attendons. Aucun homme n'attend sa fiancée de la même manière qu'il attend son bordereau d'impôts. Le ferait-il que cela nous en dirait moins sur sa fiancée elle-même que sur ce qu'elle représente pour lui. Certaines personnes peuvent nous faire attendre des heures durant sans que cela nous affecte le moins du monde, alors que d'autres ne peuvent se permettre d'arriver ne serait-ce que quelques minutes en retard sans que nous trahissions des signes d'impatience et que nous nous demandions : « De quel droit me fait-il attendre ? » L'attente est un puissant révélateur de ce que la personne qui nous fait attendre représente pour nous.

Il en va ainsi de la seconde question qui nous occupe ici : « Combien de temps encore, ô Seigneur ? » devient, sous l'emprise du doute : « De quel droit Dieu me fait-il attendre ? ».

Ce genre de doute se fait jour lorsque certaines promesses ou attentes se révèlent impossibles ou tardent à se réaliser. Le plus difficile dans ce cas est de patienter et de continuer à œuvrer comme d'habitude. L'attente nous affecte en même temps qu'elle est un révélateur de notre relation à Dieu. La leçon que ce doute nous enseigne est que la suspension du jugement n'implique pas de tout mettre en suspens. Comme le disait Luther : « Il y a une grande différence entre souffrir injustement et souffrir et ne rien faire. Nous devons souffrir. Mais pas demeurer immobile[1]. »

Ce doute est étroitement lié au précédent : la capacité de suspendre notre jugement et la capacité de patienter et continuer à œuvrer constituent des gestes essentiels de la foi. Ils sont essentiels et complémentaires l'un de l'autre, et tous deux sont mis à l'épreuve lorsque la foi est en butte à l'épreuve, bien que dans des sens différents. La suspension du jugement démontre sa foi en résistant à la tentation de douter de Dieu, alors que l'attente et la persévérance la démontrent en faisant ce qu'elles auraient la tentation de ne pas faire. Ces deux doutes sont les deux faces d'une même pièce, et ils sont tous deux extrêmement difficiles. En refusant de suspendre notre jugement, nous risquons de perdre de vue qui est Dieu, et en refusant d'attendre, c'est notre appel que nous perdons de vue.

---

1.   Roland H. Bainton, *op. cit.*, p. 190.

DES CHRÉTIENS VISIONNAIRES

Tout chrétien devrait être un visionnaire. Lorsque nous apprenons à connaître Dieu, sa vérité irradie tous les aspects de notre vie. Notre vision du monde change, et le sens de notre appel s'en trouve transformée. La clé de la vision n'est pas tant une question de point de vue (l'essence d'une vision du monde) que d'inspiration, de point de vue transformé en inspiration.

S'engager envers Dieu implique de souscrire à la vision de Dieu. Ainsi, une vision au sens chrétien du terme est une vision du monde à laquelle la connaissance de Dieu a mis le feu. La personnalité de Dieu et son appel nous conduisent au-delà de la réalité immédiate et visible, transfigurent le tableau de notre vie, et nous appellent à des réalités transcendantes. Telle est la vraie vision de la foi : une connaissance profonde qui conduit à une compréhension encore plus profonde, de sorte qu'en toutes circonstances, malgré les apparences, l'éternel et l'invisible soient perçus au travers du fini et du visible.

Une telle vision de la foi insuffle l'espoir au cœur du temps et de l'histoire, donnant du même coup un sens à l'attente du croyant. Si le temps n'était qu'une répétition infinie de cycles, rien n'aurait vraiment de sens. La vie ne serait qu'un processus de changement sans fin, dont le but ultime serait le détachement et le non-engagement, comme pour les bouddhistes ou les hindous. Toute poursuite d'un but ici-bas serait aussi vaine que futile. À l'inverse, si le temps était strictement linéaire, une simple succession d'instants, les humains seraient condamnés à se lancer à sa poursuite pour lui imposer un sens ou à être conquis par lui, et jetés dans le long corridor des ans pour y errer, comme des prisonniers, jusqu'à ce que mort s'ensuive.

La conception chrétienne du temps nous offre encore une autre alternative, fondée non sur une expérience différente, mais sur une évaluation du temps transformée par la vision de la vérité de Dieu. Cette nouvelle vision oriente la foi et lui permet de considérer en même temps le but et le chemin qui y conduit : la foi ne se contente pas de regarder, elle donne corps à l'invisible et en fait une réalité dans l'ici et maintenant. Comme le célèbre passage de l'épître aux Hébreux le déclare : « Or la foi rend présentes les choses qu'on espère, et elle est une démonstration de celles qu'on ne voit point[2]. »

Oswald Chambers a bien saisi cette dimension dynamique de la foi : « Ce n'est pas ce qu'un homme accomplit, mais ce qu'il croit et ce à quoi il aspire qui le rend noble et grand... Il y a une grande différence entre une vie parfaite ici-bas et une vie en relation personnelle avec Dieu ici-bas : la première saisit ce qui est à sa portée alors que la seconde est saisie par ce qui est hors de sa portée ; la première nous enchaîne à la terre en raison du fait qu'elle est complète, la seconde nous pousse à nous élancer vers Dieu sans réserve[3]. »

Il y a au cœur de la foi chrétienne une tension que reflète le terme hébreu pour la foi, qui a la même racine que le mot espoir, et dont l'étymologie renvoie à la notion de tension. Comme le disait Thomas Goodwin, le célèbre auteur puritain : « L'attente est un acte de foi poussé à l'extrême[4]. » Une foi qui ne se trouve pas poussée ainsi à l'extrême n'est pas ce qu'elle devrait être. La vision chrétienne des choses se dresse ainsi contre toutes les autres visions du monde. Elle s'oppose à toute perception de la réalité qui se limite à l'ici-bas. La foi véritable voit l'infini derrière le fini. La tension de la foi résulte de cet état d'entre-deux, entre la promesse

---

2. Hébreux 11.1 (*Martin*).
3. Oswald Chambers, *Not knowing Whither: The Steps of Abraham's Faith, op. cit.*, p. 146 (traduction libre).
4. Thomas Goodwin, « A child of Light Walking in Darkness », dans *Works*, Édimbourg, James Nichols, 1861, p. 330 (traduction libre).

et l'accomplissement : s'il semble que l'un des deux fait défaut, soit le fil se relâche, soit il casse.

La foi nous appelle à vivre entre deux temps, en transit, en intérim, entre ce qui n'est plus et ce qui n'est pas encore. Dieu a parlé, et il agira. Le Christ est venu, et il revient. Nous avons entendu les promesses et nous assisterons à leur accomplissement. Quelque longue que soit l'attente, elle n'est que l'instant qui sépare l'éclair du tonnerre.

Le travail de la foi est de réconcilier le passé et l'avenir dans le présent de la volonté de Dieu. Le présent est ainsi le champ de bataille de la foi, un *no man's land* entre le passé et l'avenir à conquérir par l'obéissance ou à déserter par la désobéissance. La foi visionnaire prend possession du pays promis avec enthousiasme et énergie. Elle le fait sachant ce que sera un jour le pays qu'elle réclame.

Imaginons un couple visitant une maison vide : ce qui les enthousiasme à ce point n'est pas ce qu'ils voient, mais ce qu'ils voient au-delà de ce qu'ils voient, ce qu'ils voient et que les autres ne voient pas, ce qu'ils imaginent comme pouvant être alors que les autres ne voient que ce qui est. Il en va de même de la vision de la foi. La foi voit dans l'avenir le possible que Dieu a planifié. Car Dieu est Celui qui « appelle à l'existence ce qui n'existe pas[5] ». Voir avec les yeux de la foi n'est pas tant voir ce qui existe et en chercher la raison d'être, mais plutôt voir ce qui n'a encore jamais existé et se demander pourquoi ce n'est pas là.

Êtes-vous un visionnaire ? Votre foi n'est-elle qu'une pratique routinière, ou vous inspire-t-elle, en irradiant tout ce que vous faites, en éclairant le chemin à venir comme le faisaient la nuée et la colonne de feu pour les Hébreux dans le désert ? Car même

---

5.   Romains 4.17.

si nous sommes appelés à rester terre-à-terre, notre vocation nous appelle au-delà.

L'AVOCAT NE RENONCE JAMAIS

Le chapitre 11 de l'épître aux Hébreux se présente comme un tableau d'honneur en hommage aux visionnaires de la foi, ces hommes et ces femmes que leur vision de Dieu a conduits à vivre et œuvrer à contre-courant des traditions, des valeurs et des priorités de leur génération. Animés par un état d'esprit différent, ils aspiraient à d'autres buts; citoyens d'un autre monde, ils avaient les yeux rivés sur un royaume à venir. Par leur foi, ils ont remis le monde entier en question, et l'épître aux Hébreux dit d'eux qu'ils « [...] montrent clairement qu'ils sont à la recherche d'une patrie[6] ».

Le secret de la foi visionnaire tient tout entier dans ce verset. Comment sont-ils parvenus à transcender leur temps, à se hisser au-dessus des contingences immédiates, à vivre à l'encontre des modes et des courants, à voir au-delà de l'impossible ? Ils n'appartenaient pas à une élite : leur secret résidait simplement en ce que leur vie entière incarnait cette logique et cette vision alternative caractéristique de la foi.

Ce langage et cette logique propre à la foi visionnaire requièrent un style aussi particulier qu'exigeant. C'est une chose de l'expliquer, c'en est une autre de le prouver : une fois les choses formulées, encore faut-il les assumer, et il n'y a que l'exemple vécu qui vaille. Ainsi ceux qui ne sont pas prêts à appuyer leurs propos par leur vécu constatent rapidement que leur argumentation est inefficace ou simplement tourne à vide.

C'est ce qu'illustre *Poison violent,* le célèbre roman policier de Dorothy Sayers : l'histoire s'ouvre sur le procès de Harriet Vane,

---

6.   Hébreux 11.14 (*TOB*).

accusée du meurtre d'un écrivain dont elle partageait la vie. Le dossier a l'air solide et tout l'accuse. L'accusation plaide pour une condamnation : le motif et l'occasion sont clairement présents, et tous les éléments du dossier l'incriminent.

Et pourtant, le célèbre enquêteur, Lord Peter Wimsey est convaincu de son innocence : si les éléments connus la condamnent, ce ne sont pas tous les éléments. Et il va ainsi s'évertuer à chercher les pièces manquantes du casse-tête et montrer qu'elles changeraient complètement la perspective. Il plaide auprès de ses collègues : « Il doit y avoir une preuve quelque part, je le sens. Je sais que vous avez tous travaillé d'arrache-pied et je m'en vais travailler encore plus fort. Et j'ai un avantage sur vous tous. – Plus d'intelligence ? – [...] Non, c'est simplement que je crois en son innocence[7]. »

C'est exactement l'argument avancé par la foi visionnaire : les croyants savent pourquoi ils croient en la présence et la bonté de Dieu. En conséquence, ils assument une vocation qui les met en porte-à-faux avec l'esprit du siècle et met leur obéissance à l'épreuve. Et chaque fois, ils ont foi en Dieu et sont prêts à lui obéir même en l'absence de résultats visibles. Les autres options seraient pourtant simples. Pire, elles semblent parfois plus naturelles, plus logiques que les solutions divines.

Dans de tels moments, les croyants doivent-ils continuer à avoir confiance en Dieu et maintenir la tension de la foi malgré les pressions ? Ou ne devraient-ils pas se laisser aller au doute, renoncer et suivre le courant pour échapper aux pressions ? Tel est le défi lancé aux visionnaires, et l'audace de la réponse qui leur est demandée : sachant pourquoi ils ont cru, ils attendent dans la confiance. Les faits connus sont contre Dieu, mais ce ne sont pas *tous* les faits.

---

7.   Dorothy Sayers, *Poison violent*, Paris, Éditions J'ai Lu, 1984, p. 38.

NE VOUS L'AVAIS-JE PAS DIT ?

La ligne de défense de Lord Winsey met en lumière deux aspects fondamentaux de ce genre d'argumentation. En premier lieu, envers et contre tout, même si la cause a l'air perdue, il est essentiel de savoir pourquoi l'accusé est innocent. En effet, sans cette conviction, comment imaginer que les faits présentés ne sont qu'une partie des faits ? Sans cette conviction, les arguments en faveur de l'accusé auraient tôt fait de voler en éclats, et c'est toute sa ligne de défense qui se trouverait menacée.

C'est ce que nous n'avons cessé de souligner tout au long de cet ouvrage : si les raisons de croire ne sont pas suffisantes, les raisons de douter, elles, le seront. Si notre profession de foi en Dieu n'intervient qu'au moment du verdict final, elle n'aura que peu de valeur. Si nous disons savoir pourquoi nous croyons en Dieu, c'est tout au long du chemin que nous devons montrer notre loyauté et notre intégrité. Le verdict final n'y ajoute rien : il n'intervient en fin de compte que comme argument final, pour faire taire définitivement le doute. Comme le dit Oswald Chambers : « Tant que nous ne sommes pas en mesure de regarder en face les faits les plus sombres de la réalité humaine sans que cela n'affecte notre image de la Nature de Dieu, nous ne pouvons dire que nous le connaissons vraiment[8]. »

Le second élément est tout aussi simple : la ligne de défense de Lord Winsey se devait d'être solidement étayée. Il ne suffisait pas de clamer l'innocence de Harriet Vane. Bien sûr, une telle déclaration aurait fait la une des journaux : « Un lord témoigne en faveur de l'accusée », mais n'aurait jamais contribué à faire acquitter qui que ce soit. Il en va de même pour la foi : sans obéissance, la foi n'est guère plus qu'un énoncé théorique. Pour être crédible, elle doit s'incarner de manière pratique dans la réalité : plus la vision

---

8.   Oswald Chambers, *Tout pour qu'il règne, op. cit.*, voir la méditation du 29 juillet.

s'obscurcit, plus la foi doit patiemment s'exercer. Il y a une forme de foi dans l'attente, qui n'est pas à confondre avec de la paresse, de la négligence ou du désespoir.

Cette idée est présente sous des formes très différentes dans les textes bibliques. Ainsi, l'Ancien Testament contient de nombreux exemples de foi en la résurrection physique des croyants sans précédents historiques ni explications théologiques, et cela bien avant la résurrection de Jésus. Cette croyance n'était pas une simple divagation pour se donner de l'espoir. En effet, les Juifs étaient assez directs et réalistes à propos de la mort comme en témoignent des textes comme celui-ci : « Quel que soit le prix versé pour une vie, elle devra cesser pour toujours. Il vivrait encore, indéfiniment ? Jamais il ne verrait la fosse ? [...] Ils croyaient leurs maisons éternelles, leurs demeures impérissables, et ils avaient donné leurs noms à des terres. L'homme avec ses honneurs ne passe pas la nuit : il est pareil à la bête qui s'est tue[9]. »

Ainsi, tous les faits connus pointent vers une même conclusion : la mort est la fin. Cependant, si la personne créée à l'image de Dieu a une valeur impérissable, de toute évidence, les faits connus ne sont pas les seuls faits. Comme le disait Ésaïe : « Mais tes morts revivront, les cadavres de ceux qui m'appartiennent reviendront à la vie. Oui, vous qui demeurez dans la poussière, réveillez-vous, poussez des cris de joie, car ta rosée est une rosée de lumière, et la terre rendra les trépassés[10]. »

On en trouve un autre exemple remarquable dans la prière de Jérémie, pendant le siège de Jérusalem, la dixième année du règne de Sédécias sur Juda. Jérusalem était à la merci des Babyloniens qui se montraient implacables. Jérémie lui-même était en prison, et Dieu l'avait averti de la chute imminente de la ville. L'avenir était sombre et semblait n'offrir aucune issue : le temps semblait donc

---

9.   Psaumes 49.9,10,12,13 (*TOB*).
10.   Ésaïe 26.19 ; voir aussi Hébreux 11.19.

très malvenu pour élaborer des projets à long terme et encore plus pour faire des affaires. Cependant, c'est précisément ce moment que Dieu choisit pour annoncer à Jérémie que son cousin viendrait lui proposer de racheter la terre de ses ancêtres, et qu'il lui fallait, contre toutes les apparences, accepter l'offre.

Si Jérémie avait eu des doutes sur les raisons qui le poussaient à croire en Dieu, une telle proposition lui aurait paru ridicule, invraisemblable, et complètement détachée de la réalité. S'il y avait un moment où ne pas vendre ou acheter de propriété, c'était bien celui-là. Pourtant, quand son cousin vint lui faire sa proposition, Jérémie obéit à Dieu et acheta le terrain en question. Tout en apparence plaidait contre une telle décision, mais du moment que Dieu lui avait dit d'obéir, il devait y avoir des raisons derrière les apparences, de sorte qu'il lui fallait obéir. Son obéissance allait à l'encontre des évidences et des apparences, comme le révèle sa prière :

> Voici que l'ennemi met ses terrassements en place contre la ville pour la prendre et, en proie à l'épée, la famine et la peste, elle sera livrée aux Chaldéens qui la combattent. Ce que tu avais annoncé va se trouver ainsi réalisé, comme tu le vois bien. Et toi, Seigneur, Éternel, tu m'as dit : Achète-toi ce champ à prix d'argent par-devant des témoins, alors que cette ville est en train de tomber aux mains des Chaldéens[11] !

Tel est le sceau de la foi : la Parole de Dieu fait foi, et tout sera jugé d'après elle. Les eaux noires peuvent tourbillonner, le courant peut menacer de tout emporter, mais la foi saute d'une pierre de la Parole de Dieu à l'autre. La visibilité peut-être nulle, mais la foi continue, d'un moment de compréhension à un autre, sans dévier du chemin. Si Dieu le dit, c'est qu'il a ses raisons.

---

11. Jérémie 32.24,25.

Les contradictions ne sont pas du côté de Dieu, mais du côté des apparences qui nient la souveraineté de Dieu.

C'est ainsi que Noé a écouté Dieu et a construit une arche, qu'Abram a quitté son pays pour vivre comme un nomade, dans l'attente d'une ville où s'installer, que Sara a enfanté malgré son grand âge et que Moïse a traversé la Mer Rouge à sec. Comme le dit l'épître aux Hébreux : « C'est dans la foi que tous ces gens sont morts sans avoir reçu ce qui leur avait été promis. Mais ils l'ont vu et salué de loin... Aussi Dieu n'a pas honte d'être appelé "leur Dieu", et il leur a préparé une cité[12] ».

LE TEST ULTIME

Néanmoins, et c'est là tout l'enjeu de la situation, cette ligne de défense est exigeante : non seulement elle n'offre pas de garantie contre le doute, mais elle en augmente les risques. La tension peut être telle qu'elle amène au point de rupture. Ainsi, le même Noé qui construisit l'arche s'est enivré ; Abraham qui était prêt à sacrifier son fils n'était pas prêt à faire confiance à Dieu pour la vie de sa femme. La plupart de ces héros de la foi ont connu leur heure de défaite.

Quel serait selon vous le test ultime de la foi visionnaire ? La crise, la désillusion, un désastre ou l'attente ? Sans conteste, c'est l'attente qui est le test le plus éprouvant pour la foi. Certains s'en étonneront : quoi de plus facile apparemment que l'attente ? Qui n'en serait pas capable ? Il est vrai que certaines formes d'attente demandent peu d'efforts. Toutefois, la foi visionnaire implique plus que la simple attente passive : parce qu'elle est visionnaire, elle anticipe ce qui ne se voit pas encore, et de ce fait, elle peut à peine attendre de concrétiser ce qu'elle a « vu ».

---

12. Hébreux 11.13,16.

Pour la foi visionnaire, la crise et l'échec sont moins douloureux que l'attente : en fait, c'est l'attente qui fait problème dans la crise et l'échec. Il suffit de remplacer le mot « échec » par « contretemps » pour saisir la dimension d'attente inhérente à la crise. Elle repousse le moment de la concrétisation de la vision, et chaque contretemps implique plus d'attente. Et celui à qui l'attente ne pose pas problème pourrait se demander si sa vision en vaut la peine. La patience peut tout autant être une marque de la foi qu'une forme d'indifférence, mais une saine impatience et une sainte agitation sont la marque de la vision chrétienne de la vie.

Tout comme lorsqu'un avion passe le mur du son, tout se met à trembler sous la pression de l'impact, la foi visionnaire résiste à la pression des contradictions de la réalité. Souvent, c'est au moment de toucher au but que la pression est la plus forte et que la foi risque de céder sous la pression, au point même d'être anéantie. C'est au moment où la foi entre en collision avec les contradictions de la réalité que le doute émerge, et que, telle une onde de choc, il brouille la vision, ébranle les convictions les plus profondes de la foi et plonge le croyant dans la confusion.

S'il en va ainsi de ces héros de la foi que nous présente l'épître aux Hébreux, pourquoi n'en irait-il pas de même pour tous ceux qui « ont été torturés ; ils ont refusé d'être délivrés afin d'obtenir ce qui est meilleur : la résurrection » ? Ou pour ceux qui « ont enduré les moqueries, le fouet, ainsi que les chaînes et la prison. Certains ont été lapidés, d'autres ont été torturés, sciés en deux ou mis à mort par l'épée. D'autres ont mené une vie errante, vêtus de peaux de moutons ou de chèvres, dénués de tout, persécutés et maltraités, eux dont le monde n'était pas digne. Ils ont erré dans les déserts et sur les montagnes, vivant dans les cavernes et les antres de la terre[13] » ? Pouvons-nous imaginer qu'ils n'aient jamais été en proie au doute, qu'ils n'aient jamais songé à revenir sur leur décision ?

Jésus a été le pionnier de la foi visionnaire, lui qui « au lieu de la joie qui lui était proposée... a supporté la croix, méprisé la honte[14]... » Cela ne l'a pas empêché de ressentir toute l'angoisse du dilemme au moment de choisir entre l'obéissance à la volonté de Dieu et la tentation d'échapper à la croix : « Maintenant mon âme est troublée. Et que dirai-je ?... Père sauve-moi de cette heure ?... Mais c'est pour cela que je suis venu jusqu'à cette heure[15]. »

Et lorsque nous évoquons les dernières paroles de Jésus au moment de mourir : « Père, je remets mon esprit entre tes mains[16] », nous pouvons nous consoler en nous rappelant qu'il citait ainsi la prière du psalmiste[17] avant de prononcer les paroles de triomphe qui allaient sceller une fois pour toutes les paroles des prophètes : « Tout est accompli[18]. » Ce sentiment de réconfort ne devrait jamais occulter l'horreur, l'amertume et le sentiment d'abandon qui l'ont traversé tout au long de la Passion : s'il y a eu un moment où Jésus a dû être en proie au doute, c'est celui-là.

Nous ne devrions pas nous laisser berner par l'idée que l'attente serait un exercice facile. Elle l'est d'autant moins pour les activistes, si adulés dans la société contemporaine : manquant totalement d'équilibre, ils sacrifient la contemplation – élément féminin – au nom de l'action et de l'efficacité – éléments masculins s'il en est. Énergiques, ambitieux, impatients, rationnels, calculateurs, ils contrôlent tout, y compris les autres. Ils trouvent leur raison d'être dans l'action et les biens matériels. Mais leur succès et leur position de leader dissimulent mal un choix de valeurs liées

---

13. Hébreux 11.35-37.
14. Hébreux 12.2 (*Colombe*).
15. Jean 12.27 (*LSG*).
16. Luc 23.46.
17. Psaumes 31.6.
18. Jean 19.30.

à l'avoir et non à l'être. Et c'est précisément cette frénésie compétitive qui se trouve stoppée nette dans l'attente. Simplement *être* est si déconcertant pour ceux qui sont tellement habitués au *faire*.

Le Faust de Goethe était un chercheur insatiable et un activiste infatigable. Et ce n'est pas un hasard si dans son contrat avec le diable il maudit non seulement la foi, l'espérance et l'amour, mais également la qualité essentielle à l'attente : la Patience[19].

Attendre dans la foi n'est pas simple. C'est une chose que d'être animés par une vision qui nous pousse à agir, c'en est une autre que d'endurer les épreuves qui s'ensuivent. C'est une chose de s'entendre dire que chaque crise est une occasion de démontrer sa foi, c'en est une autre de traduire sa vision dans la réalité, et d'en payer le prix, mais surtout de ne jamais abandonner quand tout est à l'arrêt. Pour la foi visionnaire, c'est la seule chose qui compte.

FACE À L'IMPASSE

Le livre de l'Apocalypse envisage un temps où «il n'y aura plus de délai... *[où]* tout le plan secret de Dieu s'accomplira, comme il l'a annoncé à ses serviteurs, ses prophètes[20]». Mais ce jour n'est pas encore arrivé, et jusque-là, tous nos «Alléluia» seront tôt ou tard suivis d'un «Jusqu'à quand, Seigneur?», signe de notre impatience et de notre frustration devant l'absence d'accomplissement des promesses divines et les avancées d'un monde en rébellion contre Dieu.

«Notre confiance en Dieu sera complète lorsque la vie et la mort, la gloire et l'opprobre, l'adversité et la prospérité nous seront égaux», disait Luther[21]. Une manière de suggérer en d'autres

---

19. Johann Wolfgang von Goethe, *Faust*, trad. de Gérard de Nerval, Paris, Édition Garnier, 1877, p. 45.
20. Apocalypse 10.7.
21. Ewald Plass, *op. cit.*, p. 1390 (traduction libre).

termes que notre foi ne sera jamais parfaite ici-bas. La seule solution à l'alternance des hauts et des bas de la vie quotidienne que
le monde actuel nous offre n'est pas la perfection, mais le détachement indifférent. Or, autant la perfection est de l'ordre de
l'impossible, autant le détachement est une solution illusoire. Aussi
longtemps que nous serons en vie, nous connaîtrons des hauts et
des bas, et nous serons confrontés à l'alternative que nous avons
rencontrée tout au long de cet essai : chaque crise sera-t-elle un
aiguillon ou une impasse pour notre foi ?

Parlant de la foi à toute épreuve, Pascal disait qu'il pouvait y
avoir un certain «plaisir à être dans un vaisseau battu de l'orage
lorsqu'on est assuré qu'on ne périra point ; les persécutions qui tra-
vaillent l'Église sont de cette nature[22]». Toutefois, ce qui est vrai
pour l'Église persécutée n'est pas toujours vrai pour le chrétien en
proie au doute. Le doute nous rend plus solitaires que la persécution.

Une manière assez infaillible de tester la foi consiste à prendre
le croyant au dépourvu, dans une période d'échec, de crise ou d'attente, et de voir sa réaction. La réaction à chaud est un révélateur
sûr du degré de résistance de la foi. «Voici, qu'il me tue, j'espérerai
en lui[23]. » Cette exclamation de Job est non seulement crédible,
mais appropriée le concernant : il a été frappé et il a tenu bon dans
la foi. Néanmoins, dans la bouche de ceux qui se sont mis à l'abri
de toutes les épreuves, pensant que Dieu ne les frappera jamais, la
même affirmation résonne bien différemment.

L'attente ronge peu à peu l'implication totale dans notre travail : elle nous force à nous arrêter et à prendre du recul plutôt que
d'agir. Elle nous amène surtout à chambouler notre programme,
à mettre nos activités en pause, à repousser les échéances, à nous
demander si nos projets sont réalisables. Enfin, elle entame notre

---

22. Blaise Pascal, *Pensées*, 783 (Brunschvicg 859 ; Lafuma 743), dans *Œuvres com-*
     plètes, op. cit., p. 1329.
23. Job 13.15 (*Darby*).

conviction jusqu'à nous demander si le jeu en vaut vraiment la chandelle : en fin de compte, à quoi bon, si nous n'y arrivons pas, si à l'arrivée le projet n'est plus ce qu'il était à l'origine ?

Et il s'en faudrait de peu pour que cette attente s'attaque au cœur de nos convictions, nous amenant à douter de nous-mêmes. Parviendrons-nous au bout de la mission que Dieu nous a confiée ? Avons-nous bien compris ce que Dieu attendait de nous ? Peut-être ne sommes-nous pas prêts ? Peut-être sommes-nous inutiles aux yeux de Dieu ?

Pas étonnant qu'il soit tentant de mettre fin à l'attente : la foi est mise en suspens, le doute est déjà à l'œuvre, mais au moins la torture de l'attente a cessé. Que nous agissions par impatience ou dans la précipitation, au moins nous avons l'impression de reprendre les choses en mains. Cela peut même nous éviter la tentation de jeter le blâme sur Dieu : un peu plus et nous nous demandions pour qui Dieu se prend à nous faire attendre ainsi.

L'agonie de l'attente sans l'ombre des secours à l'horizon peut être un véritable supplice : garder la foi dans ces conditions peut sembler une torture. Pour que tout s'arrête, il suffirait que nous renoncions à la foi et à tout espoir de secours. Et voilà la foi prise au piège : « Pile je gagne, face tu perds. » Si nous gardons la foi, c'est toutefois sans garantie de secours, et notre situation ne nous torture que parce que nous gardons la foi.

Il suffirait de renoncer à la foi, pour être libres et reprendre le contrôle : par conséquent, le choix est séduisant. Telle est la manière dont le doute pactise avec la foi éprouvée par l'attente. La foi qui se rétracte est synonyme de doute.

UNE ONCE DE PRÉVENTION

Quel est le remède à ce doute ? La première étape consiste à s'interroger sur la vision qui le sous-tend. Seule une véritable vision peut espérer se réaliser. L'histoire est pavée des ruines de projets fous, inspirés soi-disant directement par Dieu. Mais la vision vient-elle vraiment de Dieu ? Est-elle en accord avec l'ensemble de la révélation divine ? Quelle part de motifs impurs et égoïstes entache de tels projets, qui nécessiteraient de se voir d'abord épurés ? Quand vient le temps de l'épreuve, il est trop tard pour se poser de telles questions.

Tout projet visionnaire est voué à l'échec s'il n'est pas en accord avec la vérité. Il peut également échouer s'il ne se concrétise pas comme il se doit. Il est une pâle version de la foi visionnaire qui consiste à parler d'une espérance (comme le retour du Christ) sans jamais la mettre en œuvre concrètement. Sans quelque chose en quoi placer ses espoirs, nous sommes littéralement désespérés. Sans raison d'espérer, nous espérons contre toute espérance. Mais même avec les meilleurs objectifs et les meilleures raisons d'espérer, l'espoir n'est pas pleinement chrétien à moins qu'il ne débouche sur une façon de vivre dynamique qui démontre l'espérance en action.

Une contrefaçon de la foi visionnaire peut prendre la forme d'une attitude confortable qui consiste à n'attendre que lorsqu'il n'y a, humainement parlant, rien d'autre à faire. Il n'est d'ailleurs pas difficile d'attendre quand tout le monde autour est aussi en train d'attendre. Mais cette attitude ôte à l'attente sa dimension de foi et la réduit à la résignation. L'activisme et la résignation sont deux manières différentes de nier la foi en Dieu. Sommes-nous ainsi prêts à avoir confiance en Dieu et à attendre alors que tout le monde s'active dans tous les sens ? Ou avons-nous besoin de décider de prendre les choses en mains et de passer à l'action ? Tel est le test.

En second lieu, il est important de nourrir et d'exercer la foi. Avoir une vision, tout comme naître, est une expérience unique, mais garder sa vision, la faire grandir implique de la nourrir quotidiennement. Plus le test est difficile, plus le régime de la foi doit être exigeant et l'entrainement assidu. Et plus la foi est mise à l'épreuve dans certains domaines, plus elle a besoin de ressourcement dans d'autres domaines. Plus elle est en butte aux forces du monde d'ici-bas, plus elle doit trouver ses ressources dans le monde à venir. Notre capacité à attendre Dieu dépend étroitement de notre capacité à nous en remettre à lui.

La comparaison de deux incidents bibliques montre clairement ces deux possibilités. Le premier s'est produit pendant le ministère du prophète Élisée, alors que Samarie, la capitale du royaume du Nord, était assiégée par Ben-Hadad, le roi de Syrie. Alors que la situation devenait désespérée, le roi d'Israël s'écria : « Tout ce mal vient de l'Éternel ! Que puis-je encore attendre de lui[24] ? » Une fois sa patience épuisée, par manque de foi, il ne pouvait plus attendre. Mais si c'était vraiment le fait de Dieu, quoi de plus illogique que de ne pas compter sur Dieu ? La réaction était certes humaine : l'attente était devenue intolérable, de sorte qu'il lui fallait absolument entreprendre quelque chose pour ne pas céder au désespoir. En prenant les choses en mains, il ne faisait que démontrer en fait son manque de foi.

Le second incident eut lieu sous le ministère du prophète Ésaïe, alors que le royaume de Juda était menacé par les Assyriens au IXe siècle av. J.-C. Dans leur désarroi, le roi et le peuple étaient allés chercher de l'aide à l'étranger. Ésaïe, fidèle à ses principes, tenta en vain de les persuader de faire confiance à Dieu seul : « Si vous, vous n'avez pas confiance, vous ne tiendrez pas[25] », et il ajoutera plus tard : « Car ainsi parle le Seigneur, l'Éternel… : C'est si vous revenez à moi, si vous restez tranquilles, que vous serez sauvés, c'est dans le calme et la confiance que sera votre force ! Mais vous ne l'avez pas voulu[26]. »

---

24. 2 Rois 6.33.
25. Ésaïe 7.9.
26. Ésaïe 30.15.

Ésaïe est le prophète de la foi : lorsqu'il condamne Juda, ce n'est pas seulement pour son impiété, mais surtout pour son manque de confiance en Dieu et sa dépendance aveugle en des dieux étrangers. Chaque crise accentue encore les mouvements de panique et révèle un manque de confiance fondamental en Dieu. À l'opposé, Ésaïe est l'exemple vivant d'une foi cohérente qui met en pratique ses propres enseignements : si la foi implique une confiance radicale en Dieu, elle reste imperturbable, imperméable aux circonstances. Même face à l'impasse, à ce qui semble à vue humaine sans issue, la foi tient ferme contre vents et marées. Elle tient bon, même lorsque toutes les ressources personnelles viennent à manquer.

On en trouve l'expression par excellence au chapitre 40 du livre d'Ésaïe, qui suit la proclamation la plus éclatante de la personnalité et de la puissance de Dieu : « Les adolescents se fatiguent et se lassent, et les jeunes hommes chancellent ; mais ceux qui se confient en l'Éternel renouvellent leur force. Ils prennent leur vol comme les aigles ; ils courent, et ne lassent point, ils marchent, et ne se fatiguent point[27]. »

La foi qui attend ne se résigne pas. Pas plus qu'elle n'espère contre toute espérance. La logique de la foi ne se décline pas sur le mode hypothétique des *peut-être, si, éventuellement*, mais elle s'affirme courageusement dans le *au contraire* et le *en revanche* : telles sont les expressions de la foi qui s'opposent au désespoir et arrachent la victoire aux griffes du défaitisme. Telle est la foi qui renouvelle les forces de ceux qui puisent leur énergie en Dieu, une énergie surnaturelle qui transforme l'impossible en possible. Pour une telle foi, l'attente n'est pas une subversion de l'espoir, mais un temps suspendu entre la promesse et l'accomplissement, entre le *déjà plus* et le *pas encore*.

---

27. Ésaïe 40.31 (*NEG*).

Répétons-le, tous les faits apparents peuvent être contre Dieu, mais connaissant Dieu, nous savons que les faits apparents ne sont pas tous les faits. La vision du but nous donne la force d'agir et nos actions révèlent le but que nous poursuivons. Une vision claire de Dieu nous donne la force d'attendre, et une foi solide en Dieu nous donne la force de persévérer dans l'attente : telle est la voie que nous sommes appelés à suivre.

> Une vie ne suffira pas à accomplir ce qui vaut la peine d'être entrepris ; c'est pourquoi seul l'espoir pourra nous sauver. L'histoire ne livrera jamais le sens ultime du vrai, du beau et du bon, c'est pourquoi seule la foi pourra nous sauver[28].

> – Reinhold Niebuhr

> Et tant qu'il te plaira de me donner vie en ce monde où il y a tant à faire, et si peu à connaître, apprends-moi Seigneur par ton Esprit à me détourner des investigations stériles et périlleuses, des vaines interrogations et des doutes insolubles. Aide-moi à prendre plaisir à la vérité, aide-moi à te servir avec zèle et humilité, et à attendre avec patience le moment tant espéré où mon âme, unie à toi, sera apaisée et rassasiée de ta connaissance. Accorde-moi cette faveur, Seigneur, au nom de Jésus-Christ. Amen[29].

> – Samuel Johnson

---

28. Reinhold Niebuhr, *The Irony of American History*, New York, Charles Scribner & sons éd., 1952, p. 63 (traduction libre).
29. Samuel Johnson, « Against Inquisitive and Perplexing Thoughts », dans James Boswell, *The life of Samuel Johnson*, Londres, Cadell & Davis, 1811 (traduction libre).

POSTFACE

Imaginez un jeune garçon, frustré de ne pas arriver à terminer son casse-tête parce qu'il est persuadé que les pièces ne correspondent pas à l'image. Lorsque nous doutons, nous sommes comme cet enfant : à chaque occasion de douter, nous avons le sentiment d'avoir pris Dieu en défaut. Toutefois, il suffit de réarranger les pièces, d'accepter de retirer une pièce ou l'autre, et la perspective change. Ni le casse-tête ni l'image ne sont inexacts : c'est notre logique qui est défaillante.

Il en va de même pour nos doutes : lorsque nous pensons que Dieu nous a trahis, c'est en fait nous qui nous sommes forgé une mauvaise image de Dieu. La perspective est inversée : alors que Dieu nous semblait être la source du problème, il devient celui qui le résout. Alors que nous parvenons au terme de notre discussion, gardons en mémoire qu'au cœur de la question du doute, ce n'est pas la fidélité de Dieu qui est en cause, mais notre foi ; de même que la solution au problème du doute ne dépend pas fondamentalement de notre foi, mais de la fidélité de Dieu.

Cette dernière réflexion devrait nous préparer à remettre à Dieu nos doutes avec l'aide de nos amis croyants. Si nous laissons le doute s'installer, nous finirons inévitablement par accuser Dieu. Plus nous laissons le doute nous ronger, plus nous nous éloignerons de Dieu. À l'inverse, l'expérience des doutes résolus nous encouragera à nous approcher encore plus près de Dieu. Notre première réaction au doute devrait faire écho à la prière de William Cowper : « Oh! fais que ce cœur triomphe ou qu'il souffre, mets fin pour moi à son incertitude[1]. »

Si nous sommes décidés à récuser toutes les mauvaises raisons de croire, à renoncer à tout ce qui ne nous tire pas en avant, à rejeter tout fondement erroné jusqu'à ce que nous ayons trouvé des fondations solides, alors notre foi sera une et entière, basée sur cette confiance absolue que même lorsque tout nous fait défaut, la fidélité de Dieu nous tient.

Nous ne pouvons garantir que notre foi ne sera jamais défaillante. Mais Dieu est plus sûr, plus fidèle et plus grand que notre doute. Plus nous nous connaissons nous-mêmes, plus nous prenons conscience que nos promesses et nos vœux sont peu fiables : au bout du compte, nous restons ignorants, pécheurs et faibles. Et c'est là que la prière peut venir à notre secours : lorsque nous prions, le doute même le plus profond, reste encore du côté de la foi et ne se transforme pas en incrédulité. Nous pouvons tous être un jour ou l'autre en proie au doute, c'est pourquoi cette prière de Luther pourra trouver en chacun de nous un écho :

Seigneur,
Même si je suis sûr de mon statut,
Je suis incapable de le garder sans toi.
Aide-moi ou je suis perdu[2].

— Martin Luther

---

1.   William Cowper, « Le cœur contrit », traduction française dans Léon Boucher, *William Cowper, Correspondance et poèmes*, Paris, Sandoz & Fischbacher, 1874.
2.   Ewald Plass, *op. cit.*, p. 479 (traduction libre).

www.ingramcontent.com/pod-product-compliance
Lightning Source LLC
Chambersburg PA
CBHW071335090426
42738CB00012B/2904